世相管見

——不安定社会の消費者心理を解く——

前田 勇 著

学文社

はしがき

本書は、消費者行動、観光およびサービスに関して、学会誌・大学紀要等（いわゆる学術誌）以外の専門誌他に発表した論説や評論に一部最近の講演記録を加えて編纂したものである

収録された論説や評論等の初出は　かなり長い時期にわたっており、とくに〃世相管見シリーズ〃はほぼ四半世紀前に連載したものであるが、現代にも十分通じる内容であるとのお勧めをいただいたのを頼りに収録させていただくこととし、書名としても敢えて使用させていただくこととした

筆者は、観光とサービスについての専門的著作を、すでにいくつも発表させていただいているが、それらのやや堅苦しい表現とは基本的に異なる形で〃率直な語り〃を伝えたいと思ってまとめたものであって、図書館ではなく、自宅やオフィスで気軽に読んでいただくことを願っている。

本書がこのような形でまとめられた直接のきっかけは、念願の大学院観光学研究科が本学に設置されることになり、研究室の図書・資料を移動する準備を進めていた時、資料整理を手伝っておられた山下昭子氏（本学観光研究所事務局）が〃世相管見シリーズ〃掲載誌をたまたま発見されたことにある。山下氏はその後、仕事の合間をみて原稿をフロッピーディスクに収録する作業にあたられ、現在にそのままあてはまる内容であり、ぜひ日の目を浴びさせるべきだ、となんらかの形で刊行されるこ

とを強く勧奨された。原稿初出時期がやや古すぎることへの抵抗と遠慮は当然のように感じていたが、〝世相管見シリーズ〟には特別の想い出もあるため、出版社のご理解をいただき、他の関連した原稿を合わせて、このような形で出版することに踏み切ったのである。

『世相管見』は、当時、『ダイヤモンド・セールス』の編集長を努めておられた有馬宏氏（現在㈱マーケティングネットワーク代表取締役）のお勧めによって、巻頭評論として一年間連載したものである。消費の歳時記として、当時話題となっていたさまざまな社会事象をできるだけ平易に分析することを試みたものであったが、シリーズの中には、後に論文へと発展させるためのメモとしての役割を果たしたものもあり、とくにサービスについての小論は、その後、本格的に研究に取り組むようになったサービスに関する最初の評論となった。数年後に、それまでの研究成果をまとめて『サービスの科学』として公刊する機会を得たが、その出版を快く引き受けられたのも有馬宏氏であった。想い出を込めて有馬氏に改めて感謝の意を表したい。本書に収録された論説や評論等を通して、現在に至るまでの研究生活において、実に多くの人々との出会いとかかわりがあり、それがいかに貴重な経験となっているかを改めて痛感させられる。

本書刊行にあたっては何時もながら学文社田中千津子社長をはじめ編集部の皆様に大変にお世話をおかけした。深く感謝したい。

二〇〇二年一月

前田　勇　記

目次

I

シリーズ・世相管見

——消費の歳時記——

睦月「塾」

繁盛する学習塾

今の世の中で、「塾（じゅく）」といったら、一〇〇人のうちの九九人までが真っ先に思い浮かべるのが、いわゆる「学習塾」のことであろう。以前は、塾といえばむしろ〝そろばん塾〟とか〝お茶やお花の塾〟がまず連想されたのではないかと思われるし、現在のような学校の勉強の予習・復習を行なうような塾は、かつてはほとんど存在しなかったのではなかったといえよう。

現在のような、つまり、小学校の高学年生から中学生が予習・復習のために通う学習塾が、いつのころから一般化しだしたのかは明らかではないが、おそらく十年ほど以前からかなり活発になり、五年位前からはブームとなっているといってもよい。

ブームとなっているということは、塾に通う子供たちがきわめて多くなっている事実によっても示されているが、同時にその問題やさまざまな弊害が取り上げることが急速に増加していることからも認められるのである。

現在、学習塾についてかなりの批判がなされていることは、それが当を得ているか否かは別として、確かであるように思われる。

今回の総選挙に際して、ある選挙区の候補者全員に同一の質問をし、その回答結果をリスト・アップしたものを新聞の地方版でみたが、「金権政治の原因は?」などと並んで「塾をどう思うか、子供を塾へ通わせるか?」という質問があったのに興味をもった。各候補者は、「子供の教育のためになくすべきである」といった反対型回答や、「よくないものと考えるが、現実には利用せざるをえないのではないか」といった〝総論反対―各論賛成型回答〟を、それぞれ真面目にしているのをみて改めて学習塾が社会問題となっている現実が感じられた。

現在の、学習塾に対する批判を大別すると、一つは、進学競争の早期化を招いているという進学体制に関するものであり、もう一つは、正規の学校教育との関係をめぐって混乱が生じているという教育体制に関するものということができるようである。

よい大学に入学できるためによい高校へ、その高校に入るためにはよい中学へ、またそのためには、というように教育を上級の学校への進学の手段として考える傾向が現代のわが国にみられることは否定できない事実であり、学習塾はこの目的を達成するのに有効であるとの現実的判断から利用される面があるということができる。

実際に、学習塾のやりかた・内容には明確な目標を設定して行なうすさまじいものもあるようである。とくに、短期のセミナー形式のものにはその傾向が強い。私にも学習塾適齢期(?)の子供がいる。幸いにして現在のところ全く関心をもっていないので、学習塾へ通わせた経験は全くないわけだが、小学生新聞などをみると、十二月三一日から一月四日までの〝お正月返上特訓コース〟などというのが小学校五・六年生八〇名を集めて都内の超一流ホテルを会場にして、三日間朝から夜までの〝強化セミナー〟が開催されたということである。

このような短期のセミナー形式のものを含めて学習塾のブームが進学競争の早期化と密接な関係を有していることは事実であるが、学習塾が受験競争を激化させたと考えるのは不適当であり、進学競争の激化が学習塾の早期利用をもたらしたと考えるほうが妥当性があるといえよう。その意味からは、学習塾通いは勉強の一つの方法であるといえるわけである。

学習塾と勉強

学習塾のすべてがそうであるとも思わないが、そこでの勉強（予・復習）が、広い意味での進学受験と関係をもつものであることは事実であろう。大学予備校がなぜ存在するかといえば、よい大学への入学を希望し、そのための努力をしようとする人たちがいるからであって、予備校の存在が進学競争を激化させている基本的な要因ではないように、学習塾があるために進学競争が早期化したとするのは論理的に正しくない。だが、大学予備校の場合は高校卒業生のいわゆる〝浪人〟が対象であるのに対し、学習塾の対象となっているのが義務教育期間中の小学生・中学生であるという点で基本的に異なる問題があるようである。つまり、基礎的なものを幅広く学習させるべき時期に、一方では進学受験のためといった明確な目標をもった（したがって、必要―不必要といった評価基準が存在しうる）学習を同時にさせることになりやすいわけである。

そして、この両者は二律背反的性格を有しているといえよう。すなわち塾での学習内容は正規の学校でのそれよりも進んでいなければ、別途に行う意味がなくなってしまうわけであって、いくつかの科目についての学校での勉強はすでに知ってしまったことであり、退屈であると感じるならば学習成果があがっていることになるのである。

ここには、正規の学校教育との関係をめぐって混乱が生じてくるという教育体制に関係する学習塾批判の十分な論拠があるといえよう。勉強は塾でやるものと考えており、遊びに学校に行くのだという小学生が実際かなり増えているのだといわれている。また、塾通いと各種おけいこと自習のために時間とエネルギーを使ってしまい、教室で居眠りする子供がいるともいわれている。

国民に対する義務教育を行う時期に、それを結果的に否定する学習の仕組みが存在しているというのは、どう考えてもおかしいことであり、教育体制そのものに大きな欠陥があるのではないかと評されてもしかたないものといえよう。しかしながら、この問題は、現在あるような学習塾をなくしてしまえば解決するといったものではないのであり、現実に学習塾がどんな機能を果たしているかをもう少し考察してみる必要があるのである。

進学競争と成功のイメージ

相手が比較的若い子供であるということと密接な関係があるが、子供が学習塾へ通うかどうかは両親、とくに母親の教育に対する考え方によるところがきわめて大きい。つまり〝親が塾へ通わせている〟と称されるケースが多いと考えられるのである。もっとも、塾についてのいくつかの研究によると、近所の友達の大部分が塾へ通うようになってしまうと遊び仲間がいなくなってしまうことにもなるわけで、仲間の後を追うように子供のほうから〝自主的に〟塾へ行きたがる場合もでてくるとのことである。塾に行くのは、親（とくに母親）が通わせることでスタートするケースが多いといえるようである。しかし、スタートすることとその後も強制していることを混同してはならず、この点については、後でふれたい。

では、なぜ、塾へ通わそうとするのだろうか？　そこには、皆がそうするからといった同調・模倣型のロジックが多いということもあろうが、おそらく大多数の親たちが〝よい学校に入ることが成功につながる〟ことを感じているからに外ならないと考えられる。少なくとも、よい学校には入れないと成功しにくくなることを感じているのであり、だからこそ、〝よい学校〟へ入れようと努力するのである。

この考えは馬鹿げているかも知れない。人間一生にかかわる問題を、〃よい学歴の有無だけ〃で考えようとするなどはとんでもないことといってもよい。しかし、自分は親としての責任をはたすためには、何はともあれ〃よい学校〃に入れるための努力はしておきたい。こう考える人もいるわけである。そして実は、このような同じ考えを持つ親が圧倒的多数を占めているといってよいのである。

多くの親たちが〃成功〃について類似したイメージを持っている。それは、身近なところにいる人を基準にして、それよりも多少なりともよい状態になることである。

前述した夏休みの〃短期特訓セミナー〃に参加した子供らによる作文「二〇年後の私」を読むとその成功のイメージがあまりにも現実的でありすぎることに悲しさを覚える。それは、自分の両親の生活を基準とした〃成功〃なのである。成功に関するイメージが類似しているだけではなく、どうすれば成功できるか、成功しやすいかについての基本的理解もまた同様に共通性が高く、その条件は高学歴であり、同じ学歴であるならば相対的に〃よい学校出身〃であることである。

このような、わが国の「学歴主義」は多くの問題をもっているが、同時に、〃よい学歴獲得〃に関しては自由な争いが行われており、その意味では〃開放的社会〃であることを意味していることを理解しなければならないだろう。

子弟に〃よい学歴〃を与えようと努力するのはかなり古くからの日本人のパターンである。わが国の学校教育は明治三〇年頃にすでに九〇％以上の就学率となっており、学校養育が急速に普及した前提に江戸時代後半（一八世紀中頃以降）に急速に普及した「寺子屋教育」があったとされている。江戸期における庶民教育も両親の負担によって行われたが、読み書き算盤の習得によって多少なりとも社会階層が上昇するものと期待しうる社会的状況があったと考えることができるのである。

◆生徒たちの学習塾への期待

では、本来の主役である生徒たちは学習塾をどのように考えているのだろうか。これを一般的に説明しうる資料は現在のところは存在しないといってよい。親の心、子知らずというわけではないが、子供たちが必ずしも歓迎しているわけでないことはいうまでもないし、遊びたいのに無理やりに塾に通わせられているといった不満も多くきかれる。

しかしながら、最初は親に無理やりに通わせられた生徒の中に、その後になって、塾に行くのが楽しいといっているものも少なからずいるということを忘れてはならない。前にも紹介した塾についてのいくつかの研究によると、塾に行くことを積極的に評価している生徒たちがあげる理由に、「自分の学力がどんどんのびていくので楽しい」「難しい問題が解けるようになる」「〇〇君や△△さんには負けたくないのでがんばる」といったものが多くみられるのである。

これらは、個人の学習成果を上げるために重要な条件であって、自分自身やライバルとの競争が強い動機づけとなりうることはいうまでもない。見逃せないのは、学習塾を評価している生徒たちの意識には、勉強することそのものへの満足がより強く見られる点である。別な言葉でいうと学習塾で学んだことによって勉強が好きになったという発言がみられるわけである。

このような学習塾に対する積極的評価およびその内容がどの程度の一般性をもちうるかは疑問であるが、そこに、現在の学校教育に対する批判とでも言うべきものが含まれているように思われる。それは、能力をのばすことへの個別的援助の必要性であり、やる気を起こす一つの条件としてのよき競争の重要性であり、ともすれば形式的な平等主義をもって最善としがちな考え方ではうけとめられない教育的問題が多く存在することを示していよう。

現代社会の問題としての「塾」

「学習塾」の問題点をいくつか考えてみたわけであるが、ともあれ、それは現代社会を構成する一つの要素であり、その良し悪しも一概に論じ難いものなのである。むしろ、問題の背後にある現代社会の価値意識といったものを考察する手掛かりをあたえてくれるといったほうがよいのである。形式的には不合理な面を有しているとしても、実質的に機能しているものは少なくないのであって、形式合理性だけでは把握し得ないものは少なくない。

学習塾を支える心理的要因として指摘した成功のイメージは、教育により経済・地位といったものの上昇の機会が増すとの認識によっているのであることは明らかであり、もはや多くの可能性が残されているとは言えないにしても、〝成功〟という言葉が引き続き存在しうる社会であると考えられていることを示すものといえよう。

「塾」とは元来、教育者がその個人宅に置いて特定の人たちを対象として、公的な規制を受けない形で行った教育活動であり、またその場所のことを称したものである。そして、塾の教育は一般に小規模で、ごく限られた教師を中心としたものであり、子弟の関係は親密で、全人教育が可能であったとされる。

マス・プロ教育の時代になり、教育が機能的になり技術的に傾斜するにつれて、〝塾型教育〟の復活が叫ばれてきたともいえるのである。

「塾」はつねに正規な制度的教育に相対するものとして特異な位置を占めてきた。塾はある意味で制度的教育を批判する存在である。現代の塾の代表格である学習塾が、果たして現代の教育をどの面から批判しているかを考え直してみるべきなのである。

如月「手作り」

◆手作りへの関心

「消費の社会化」とは、かつては一般の家庭内で処理されていたものを外部に委託し、商品として購入する傾向のことを意味している。狭い意味では、「家計調査」の支出項目中の〈外食費〉〈クリーニング代〉〈家賃・地代〉〈損害保険料〉を合計したものをひとつの「指標」としており、大都市部での支出が多い費目を手掛かりに都市化の一面をとらえようとする「都市型消費指標」などとともに、消費生活の変化を示す〝インデックス〟の一種として用いられたものである。より一般的にいえば、消費の社会化あるいは社会化傾向とは、従来は一般の家庭内でおこなわれていた製造・加工・修理などの仕事を外部（＝社会）に依存するようになることを意味している。

このような広い意味での消費の社会依存型支出は、近年急速に増加しており、消費支出全体に占める割合もかなり高くなっている。食費についてみると、一九七〇（昭和四十五）年に四九％を占めていた加工食品類購入費はその後も着実に増加を示し、現在では全食費（食料関係に充てた支出の年間合計）の五六％にまで達している。つまり、製造段階ですでに多くの加工がなされており、かつては最終の消費者が担当した作業のかなりの部分を省略できる商品が増大しているわけである。その典型的なものが「インスタント食品」「レトルト食品」であるが、このような形をとってはいなくてもなんらかの加工がなされているものがきわめて多くなっている。

また、ミシンの家庭普及率（所有率）は八〇％以上に達しているが、その利用率（稼働時間）はきわめて低い（短時間）であることに象徴されているように、ありとあらゆる衣料品はもとより、家庭用品のほとんどは自家製造品ではなく、〝商品〟として市場から購入したものとなりつつある。

消費の社会化は、現代社会の大多数の人びとが、すべてのものを商品（労働力を含む）として購入することによって生活を営んでいること、すなわち、現代が商品を中心とする社会であること、さらに、大衆消費社会であることなどを端的に示しているものといえる。それはまた、家庭の役割・機能の変化と密接にかかわっており、従来は担っていた生活必要用品の製造機能をほとんど放棄し、消費機能に専念するようになっていることを意味している。

ところが、消費の社会化の進行は、一方では消費者の〝手作り志向〟を刺激している。つまり、大部分のものを商品でまかなえるということが同時に、特定のものに関しては自分で作ってみたいという意識を生み出している。

その代表的なものとして、日曜大工をはじめとして身近なものを自分で作ろうとすることがあげられ、「DIY（Do It Yourself）」と称される〝作業型レジャー〟として人気を集めている。

食品に関しても同様な傾向がみられ、インスタントをはじめとする加工食品の利用が増大するとともに、ある特定のものや特別の時だけについては、自分で作りたいとするものが多くなってきている。そこには、加工食品の添加物等への不安という条件も作用していることも確かであるが、それだけではない心理的条件があると考えられる。

手作りへの関心が近年高まっていることには、〝狂乱物価期（＊）〟後に変化した消費者の態度（＝節約型反応と称されている）の影響もないわけではないが、経済的な理由から手作りが志向されるというケースはむしろ稀なのである。

手作りへの関心は、大部分のものが自分の手を必要とせずに提供されるという状況から生じているのであって、このことが、ごく限られたものについてのみ、自発的・積極的そして趣味的に、自分で作ってみたい気持ちを起こさせているのである。多くの商品が大量生産であり規格化されているのに対して、手作りは少量生産であり非規格的なのである。

現代の手作りは消費の社会化に伴うものであり、手作りへの関心は能動的な消費を回復したいとする一種の〝補償作用〟ではないかと思われるのである。

手作りの実態と志向

手作りとは、どの段階までのものをいうかについての一般的合意があるわけではない。自分で手をかけて作ったと考えられるものであればその中に含まれるのであって、当然個人差もありうる。パーツを組み立てるだけの玩具や用具類の製造が〝手作り〟と称されるか否かについては論議があるところだが、自分の手で作ったもの、他のものとは違う固有のもの、といった意識を伴っているならば、少なくともその人にとっては〝手作り〟ということができるのである。

このような意味で手作りの実態をみると、手作りの実績と今後の希望とではやや異なった傾向がみられる。食品の手作りに関する実証的研究（筆者他『わが国の消費者構造と消費生活における変化の予測』）によると、手作りをした経験の多いのは、「漬物」「ドレッシング」「ミートソース」などで、少ないものとしては、「ケチャップ」「みそ」などがあげられている。これに対して、今後手作りをしたいと考えているもの、また子供や次の世代の人に教えたいもの（あるいは手作りできるようになってほしいもの）との関係をみると、実績よりも今後の希望としてあげられる割合が全般的に高くなっており、いわゆる〝手作り志向〟がはっきりと示されている。この傾向がとくに顕著な品目には「パン」「クッキー」などがあり、「うどん・そば」が続いており、これらは、現在、〝手作りをしてみたい〟と考える人の割合が多いものである。

しかしながら、手作り志向がみられるということが、手作りについてきわめて好意的な評価が確立していることを必ずしも意味していないことに注意する必要がある。つまり、手作りをしたいと考えられていることをもって、手作りが全面的に支持されているのだと理解するのはやや早計なのである。

「手作り（作ることそのものと出来上ったものの両方を合わせて）」に対する消費者の評価をみると、メリットだけではなく当然デメリットも存在するのであり、同様に、手作りの反対の極に位置すると考えられている〝インスタント商品〟についても、多くのメリットが認められていることはいうまでもない。

手作りに対する態度（ここでは手作り食品についての）を分析してみると、「安心感」をはじめとする〝心理的メリット〟を評価するものは圧倒的であるが、「作る意欲」については肯定するものと否定するものが相半ばしており、手作りは大事ではあるが楽しいこととはいえないとする割合も多い。

また、手作りしたことが、家族などから必ずしも評価されていないということへの不満もあり、この意味での〝やりがいのなさ〟をあげる若い主婦は多い。手作りの〝経済的メリット〟については常識的にもうなずけるところであろうが、否定的評価をするものの方がはるかに多くなっており、〝出来合い〃の方が安いと考える人が多い。

インスタント食品に対して、それが〃間に合わせ用〃であり、〃本物らしくない〃と評価するものの割合はきわめて高いが、同時に、それらを上手に使うのも料理の技術であることを認める人も多く、とくに若年層にはこの考えかたが強くなっている。

手作りをしたいと考えているということと、実際に手作りすることは同じではないのであり、手作りするための心理的・経済的・時間的条件などが整わない場合には、むしろ積極的に〃インスタント型〃の商品を有効に利用しようとする考え方があることを理解しなければならない。

現代の手作り志向は、自己表現の一形態と考えられるのであって、生活のすべてを自分の手で作り出そうとする意識や、いわゆる〃自然への回帰〃の考え方とは次元の違うものなのである。

それは、完全冷暖房になっている高層マンションの一室で〃囲炉裏〃を楽しむことにも似たものといえよう。

現代の手作りの効用

先に述べたように、手作りといってもさまざまなレベルが存在する。木や竹の入手といった素材を探す段階から始めるものもあれば、組立てや最後の〃混ぜ合せ〃だけを行なうだけの手作りもありうるのである。

現代の手作りは、過去の時代の手作りではないのであり、市場の仕組みや生活様式と不可分に結びついた〝現代の手作り〟なのである。現代社会にはかってのようにタダで入手できるような素材は全くないといってもよい。庭があれば野菜を作り、魚釣りに行って魚をとってくるくらいしか商品としてではなくモノを入手できる手段はない。

また、手作りのために必要な道具や機器も技術的に改善され便利になってはいるが、実はそれらは、本格的手作り（ハンド・メイド）にとって代った、新たな製造・販売業者が仕事用に導入したものの〝家庭用〟なのである。つまり、現代の〝モチの手作り〟と称されるものは、臼と杵で作るのではなく、かつては〝機械づき〟といわれて上等品用ではなかったモチの作り方を小型化して、家庭でやることなのであり、〝作りかた〟そのものを自分で工夫することではないのである。

しかし、それがその人に〝手作り意識〟を多少なりとも感じさせるならば、それも手作りの一種として考えるべきなのであろう。日曜大工用品のコーナーへ行ってみると、程度の差こそあれ、後は組み立てるだけといった状態に完成されたパーツ（部品）が沢山並べられているが、その組み立てかたには多くの自由度が残されており、各人の創造意欲と個性とを満足させる可能性もある。

食品の場合には、若干の手をかけることによって、出来合い品に近いものを作ることができる材料が商品としてかなりの人気を集めている。「カレーの素」といったものも、デザート用の「〇〇ミックス」などといったものもそうである。

これらを利用することを以て、それを〝手作り〟であると主張する人は多くはない。多少なりとも手を加えれば手作りに入れてもよいと主張する人がいないわけではないが、現在では少ないと思われる。しかしながら、これらの〝半加工済材料（＝準インスタント）〟の利用が、各人の〝手作り意識〟を刺激していることも事実なのである。これらの利用は、ごくわずかではあるものの〝手作り的作業〟を含んでおり、その作業を行うことによって、やはり〝本物〟がよいことを確認している面があるように考えられる。この確認は、自分が手作りができる能力を十分もっていることを改めて自覚させ、実際にはインスタントをはじめとする出来合い商品を利用しているとしても、それは、忙しい・経済的であるからといった理由によるものであると合理化する（正当化する）根拠となるのである。その意味では、手作り志向に対する一種の〝代償的満足〟を与えているのである。

半加工済材料と称される商品は、基本的に〝本物らしくない〟といった否定的評価が存在していることも明らかではあるものの、完全なインスタントではないということも確かである。上手くできればよし、悪くいったとしても心理的抵抗は大きくないという〝免罪効果〟を有しているのである。そしてこのような免罪効果は、現代における手作りの基本的効用であると考えられる。

自分は全く受動的な人間なのではなく、機会さえあれば能動的に活発に活動できるのであるということを確認しておきたいという欲求が強くなっている。積極的に確認しようとしなくても生活できる状態であるだけに、自ずから進んでそれを行なう適当な場が必要となっているのである。このような欲求が、レジャーに、そして〝手作り〟に求められているのである。重要なのは手作りをする（したい）という意識を満足させることなのであって、結果的には手作りをしなくてもよいとさえもいえるのである。

一方、手作りに対しては極端に抽象的なプラスイメージを抱いている傾向もみられる。現代にはほとんど存在しえない〝額に汗し、手に肉刺をつくる〟ことをイメージするのはその典型である。現実の手作りは、〝疑似手作り〟と称してもよいものであるものの、〝手作りした〟という認識が手作り意識を刺激しているといった効用を認められるのである。手作りに関する多くの商品は、それが〝本物によく似た〟ものであったり、それらしきものを作れるからこそ意味があるといってよい。現実には存在しない〝本物〟への期待とあこがれの代償が求められているのであって、商品を通しての自己表現ということにかかわったものなのである。

〈補注〉

＊一九七三年秋の「第一次・オイルショック」による〝モノ不足・品切れ騒動〟が一段落した後、商品価格全般が大幅に値上がりした時期のことで、一九七四年一月から五月頃までがそれにあたる。この時期にそれまでモノに比較すると価格が安かったサービス料金も急騰した。

弥生「不安」

◆不安商品

特殊な商品分類による命名に「不安商品（Anxiety Products）」といわれるものがある。それは、使用することが不安だという〝欠陥商品〟を意味しているのではなく、消費者（購入者・使用者）の不安感を軽減・除去するような機能をもっている商品（群）を称したものである。

このような名称を最初に用いたのは、アメリカのマーケティング研究者ウッズであり、一般に有しているると考えられる〝付加的効用〟のタイプによって、商品を分類するという考えを示した。

商品の効用は、その商品がもっている本来的な実質的・機能的な効用と、その商品に社会的・文化的な意味づけが与えられた付加的なものとに別けて考えることができる。腕時計に関していえば、長期間にわたって正確に時を刻むことが前者であるとすると、所有者の年代や地位などに相応する〝らしさ〟を表現し、さらに時代性や所有者の美的センスを示す一端ともなるといったことが後者である。

ウッズは、この付加的効用を、とくに所有者の自我意識とのかかわりかたといった観点から分類することを試み、不安商品を含む四種の商品タイプを設定している。

まず、商品そのものが名誉・名声・富などのシンボルとなっているものがある。大邸宅、高級車、高級家具などがその典型であり、所有者の自我を拡大させる効用がきわめて大であるのが共通しており、これらを「威光（名声）商品」と称する。

次に「地位商品」と称されるものがあり、所有者に階層成員性を与えたり社会的地位を象徴する役割を果たしている。われわれの多くの持ち物は、このような性格をかなり有していると考えられ、普及品から高級品までの種類のある商品においては、その中のどれを選択するかが大きな意味をもっており、その人にふさわしいものか否かが問題となる。

これらとやや異なるタイプとして、社会慣習から使用には年齢などの資格が必要とされ、使用すること（できること）が〝成熟のシンボル〟となっているものがあり、これが「成熟商品」と称されている。一般に酒・たばこ・化粧品などが該当しており、青少年の自我の拡大（大人の気分を味わうこと）に密接にかかわっている。しかし、現代では使用を禁止する監視がゆるくなってしまった結果、大人になったことを感じさせるという効用もやや低減しているということができるようである。

これらに、冒頭にあげた「不安商品」が加わるわけであり、保健薬、体臭防止用品（デオドラント）などがその典型的なものとされている。

威光商品や成熟商品が自我の拡大に強くかかわっているのに対して、不安商品は自我の防衛に専らかかわっており、地位商品は拡大と防衛の両方に関係しているといえよう。

これらの四タイプに、消費者の感覚的な快楽を刺激したり、嗜好の満足感を与えることを主たる効用とする「快楽商品」、付加的効用は少なく実質的効用本位の商品群である「機能性商品」を合わせて、ウッズは「商品変数」と呼び、一方、消費者をその行動パターンからタイプ分けしたものを「消費者変数」と称して、この両者を組み合わせることによって消費者行動を一般的に説明しようとしたのである。

彼の考えかた、とくにその分類のしかたが妥当であるかについては疑問もあるが、現代社会における消費者の地位と役割に対するひとつの解釈という点で興味深い。とくに、消費者は商品の購入・使用を通して、自己を表現しようとしているのであって、それぞれのニーズと商品がもっている（と一般に考えられている）意味合いの最も適した組み合わせを探そうとしているのだ、と考えかたには説得力がある。

現代の不安

不安商品は、軽減・除去してくれる不安の種類によって、さらにいくつかのタイプに分類することができると考えられる。「不安」をどのように把握・分類するかによって、不安商品に含まれるものは一様ではありえないのである。

現代は〝不安の時代〟であるとしばしばいわれている。そして、消費に関してみた場合、現代社会をおおっている不安が従来とは異なるタイプの需要をつくりだしているともいわれている。

「不安」とは、個々人がひとつの人格として存在するうえで、本質的なものと解している価値がおびやかされることへの心配（気がかり）である。不安は「恐怖」とは異なり、特定の明確な対象が存在しないことを特徴とし、びまん性を帯び、漠としている。したがって、どう対処したらよいのかがわからないため、無力感が伴いやすい。これに対し、恐怖には特定の対象が存在しており、さらに一般に一過的であり、実際はともかく、理屈上では、逃げる・攻撃するといった形での対応が可能なのである。

「不安」問題の大前提は、重要であり、守りたいと願う〝個々人にとって価値あるもの〟の存在である。そして、「時間」を理解することができ、未来を考えうる能力を有しているからこそ、その価値がおびやかされることへの気がかりがあるのである。だから、一定以上の知的活動能力がない場合には、不安という感覚は生じえないことになる。

不安は本質的に〝価値の問題〟であるから、何に価値を置くかによって、何が不安であるかは大きく変動すると考えることができる。生命や健康に関する不安はかなり普遍的なものであるが、われわれが現在抱いている不安のかなりの部分は、実は社会的・文化的条件と結びついたものである。それは、本質的なものと解する価値そのものが文化的所産であることと密接に関係している。大事なもの、守りたいもの、との関係によって、不安の種類や対象はかなり変化するのである。

より具体的な問題として、消費にかかわる現代的不安について考えてみよう。いくつかの意見調査結果によると、不安を抱いている対象・領域として、健康（体力・医薬品・病気・食品公害等）をはじめ、経済的事柄（収入・貯蓄・住宅など）など、かなり具体的なものがあげられていることが示されている。さらに、自分自身が明確に存在しているという実感がもちにくいといった〝存在不確実感〟にかかわる不安をあげるものも少なくない。これらは、程度の差こそあれ現代社会に生きるわれわれが共通して抱いている不安であり、それらはまた、高度に発達した大衆消費社会の性格や構造と密接な関係をもった不安といえよう。

肉体を酷使する必要が急激に減少した反面、体力も弱くなりやすく、食品をはじめ入手する商品の中には健康に害がある（かもしれない）ものが入り込んでいる。経済的問題は個々人の努力の限界をはるかに超えることが多くなり、社会の大きな仕組の動きに規定されがちである。さらに、人びとは組織の一パートを占めているのみ、といった形で全体社会と結びついているのであって、個の存在を主張するのは困難となっている。これらは、現代社会がその構成員に抱かせやすい構造的不安なのである。

また、現代の不安の特徴として、先行きに対する一般的不安（＝暗い見通し）があげられることが多い。高い水準での生活を維持し、発展させることに価値を置いてきたがゆえに、生活水準が低下するのではないかということに強い関心があるため、不安が生じやすいのである。

アメリカの経済心理学者カトーナは「大衆消費社会」について論じ、社会を繁栄させる土台となっているのは、個人の生活水準を向上させようとする欲求と努力そのものであり、豊かな生活への関心が高ければ平和への希望も大きくなるのだとしている。しかし、石油パニックや大きな自然災害があれば、安定しているかのようにみえる〝豊かな生活〟は実は脆弱な土台の上にあることが明らかになってしまうのであり、価値を置く対象がひろがっているだけに現代生活は、不安の陰を常に引き連れているのである。

〝不安〟とマーケティング

前述したように、保健薬や体臭防止用品は「不安商品」の典型的なものとされる。これらは、生命・健康に関する不安や対人関係にかかわるものであるが、不安の種類・内容によって対応関係をもった商品も多様なものとなってくる。「△△の常識」とか「××入門」といったペーパー・バックスやベスト・セラーとなった本のかなりの部分は、実は知識・情報に関する不安（知っていないと困るのではないか）にかかわりをもった〝現代的不安商品〟と考えることができるのである。

多少なりとも不安を軽減したいという現代人のニーズは、いくつかの新しい商品需要となって現れてくる。健康に関する不安は、自然食品のブームをつくりだしており、また、アスレティック・クラブの人気を高めている。「がん保険」「入院保険」などのさまざまな保険新商品は、いざという際の準備という点では経済的な不安に関するものであるが、健康維持の限界という不安にかかわる商品でもある。

それらを〝不安商品〟と呼ぶことにはやや抵抗を感じるのであるが、現代において、最も不安商品的性格を強めているのは〝教育関係商品〟ではないかと思われる。

子供に対する広い意味での教育投資が、せめて教育だけでも、何と言ってもよい学校を出ていれば、と言った親の気持によって行われていることは否定できない事実である。投資する側の親の問題としてみると、先行きに対する不安を多少なりとも軽減してくれるという効用を重視して〝教育関係商品〟を購入しているのである。教育機器や教育図書の購入もそうであるし、本シリーズ第一回で取り上げた「塾」もまた、不安商品としての性格を有しているいることは否定できない。

また、〝資格ブーム〟といわれるように「資格」を修得しようとして勉強する人たちが急増しているが、これも経済的な事柄を含めての先行きに対する不安とかかわりをもつのであり、何かのときに多少は役に立つのではないか、といった期待を込めて学習機会を〝購入〟している場合が多いと考えられるのである。

前述した〝存在不確実感〟といった不安と結びついた商品は何であろうか。一点豪華主義といわれる購買のパターンや〝パーソナル〟と称される専用商品の購入なども、このような不安とかかわりをもつものであろう。そして、前回扱ったテーマである〝手作り〟への関心の背景にも自分の確認、自己実現への強いニーズが存在していると思われる。

このように、さまざまな不安がさまざまな商品によって、それぞれに軽減されたり、除去されたりしているのであり、多種多様な不安商品の存在は、まさに現代を象徴する現象であるといってよい。不安を軽減・除去してくれることを願って、なんらかの〝物体〟を入手（購入）したりすること自体は決して新しいことではなく、信仰の世界では古くからみられることであり、「お札」や「お守り」はその典型である。最近では神社仏閣への参詣者が急増しており、その理由はいろいろと論じられているが、現世利益を求める風潮とともに、生活に対する漠とした不安の存在も少なからず影響しているものと考えられる。

一般的に、不安の処理方法は二つに大別される。

ひとつは、消極的方法であり、不安の原因となっている〝大切なものを守りたいとする気持ち〟をめぐる葛藤をさけるために、認識と活動の領域を縮小してしまうものである。つまり、ある対象に価値を置くからこそ、そしてそれが存続することを願っているからこそ不安を感じるのであるから、その対象との〝かかわり〟を否定してしまえば不安は少なくなる。この意味からいうと、近年の若者に多くみられる物事に対する無関心（俗にいうシラケ）は、一種の不安軽減法ということもできるのである。

そしてもうひとつは、そこに葛藤が存在することを認め、その仕組みを理解し、努力しようとする積極的方法である。目標を再構成するなどして、不用の心配をできるだけ排除するのは対応具体的例である。

不安を抱くのは、人間として生きるうえで、さまざまなことに価値を見出しているからであり、不安がない状態がよいのではなく、不安を克服しようとする努力が健康的に行われている状態が好ましいのである。

このことは、不安商品の役割についても同様である。不安を商品で解消しようとすること、また脱不安のニーズを吸収しようとして商品化を図ること、それらはともになんら否定すべきものではなく、まさに不安の時代の商品なのであり、マーケティングなのである。しかしながら、不安商品が不安商品として機能するか否かを決定しているのは、製造者や商品そのものではなく、不安を認識し、その軽減・除去を図ろうとするその人自身の生活への態度なのである。

卯月「食事」

◆家庭と食事

食事は栄養の補給によって人間の生存を維持するための必要不可欠なものである。だから、食事の第一条件はそれぞれの人の属性・条件にかなった適当な栄養量を摂取しているか、ということになる。そして、その次の条件として、食事は生活の重要な部分であり、生活様式そのものだということがあげられる。つまり、どれだけ食べたかが問題となるのは当然であるが、何をどう食べるかということも重要なのである。

人間と食事との関係を三段階に区別するという考えがある。

第一段階は、生命維持のために食べるのだという〝本能型〟である。第二段階は、美味しさを中心として考える〝味覚型〟であり、そして、第三段階として、食事を通して豊かさや個性発揮の満足を求める〝精神的充足型〟があげられる。また、生理的ニーズによるものから社会的ニーズによるものに中心が移っているという分析や、栄養重視型から嗜好重視型へと変化したとの指摘もなされている。

これらの主張や指摘が妥当であるか否かについてはここでは論じないが、一般的にいって、今日の私達の食事が、かつてのそれとは比較にならないほどに〝豊かに〟なっていることは明らかであり、少なくとも量的には比較できないほどに〝よくなっている〟ことを否定することはできない。

しかし、食事の質がどれだけ向上したかということになると評価はさまざまである。外食化が進んだことを向上と考えている人もいるだろうし、インスタント食品やレトルト食品の普及をもって食事の質がよくなったとする人もいるであろう。

食事と家庭との関係という面から、この問題を考えてみよう。

というのは、外食化が進んだとしても、人間生活の基本的な場が家庭であることから、食事の主たる場となっているのもやはり家庭であると考えられるからである。そして先に述べたように、食事が生活様式そのものであるとすると、家庭での食事の仕方は食事の質を表現しているともいえるのである。

食事と家庭との関係においては、食事を「誰が」どのように管理・運営しているかは大きな意味をもっている。

食事を一家でそろってとることが通例であった時代には、家族構成員の食事に対する個別の要求は、家長からのものを除いては一般に尊重されにくく、〝家庭としての料理〟が主役の座を占めることとなる。これに対して、現代では各人の生活時間および生活空間が異なり、食事もまちまちになり、家族が常に全員そろって食事をとるのがきわめて稀なことにさえなってきている。これは食事だけに限らない、家庭機能の変化であり、文字通り生活を共にする血縁集団としての家庭から、生活拠点を共にするものへと変わってきたといってもよいのである。

家族メンバーがそれぞれ異なる時間に、違った内容の食事をすることができるようになった条件にはさまざまなものがある。食材の豊富さ、経済的条件といったことは当然として、電気冷蔵庫の普及と機能向上さらに加工・冷凍食品開発などによって食品の貯蔵が容易になったことがあげられる。また、ガス・電気という調理用エネルギーが常時手軽に利用できるようになったことも大きな位置を占めている。昔の生活が火を中心とした共同生活であったように、調理エネルギーがどのような形で利用できるかは重要な条件である。薪を使う場合を考えてみれば明らかなように、調理時間（したがって食事時間が）が集中的に行われる必要性はごく最近まで高かったのである。現在ではかなりの範囲まで、常時必要に応じて利用できる調理用エネルギーをもっているということなのである。

これらの条件によって、現代では、食事に関する家庭構成員の個別的要求に応えうる状態ができており、さらに、個々人のニーズを満足させることが食生活において重要であるとの考え方がつくられてきた。その結果、妻と息子はトーストと卵料理という〝洋風〟、娘はサラダを中心とした〝美容食〟、主人一人だけがご飯とみそ汁の〝純和食〟といった三種類のメニューが朝食に用意されるのも決して珍しいことではなくなったのである。このような場合の〝食事の質〟とはいったい何なのだろうかが新たに疑問となってくる。

家族関係と食事の質

現代では、家庭での食事においても個々のニーズに応えることができるようになっているわけであるが、一方において、「家庭料理」に対する関心がきわめて高くなっていることも事実であり、家庭を単位としての〝個性〟を求めている傾向もみられる。筆者が家庭の主婦を対象とした調査結果によると、「家庭料理は一家そろっての食事に欠かせない」という意見を支持する人が全体の九割を占めており、また、「それぞれの家庭は独特の家庭料理をもつべきだ」「なんといっても家庭料理が一番だ」という意見に対しても、それぞれ全体の七割以上が賛成を示しており、家庭料理の意義・重要性を認めるものが大多数となっている。

もっとも、「手作り（本シリーズ二月号）」について記したのと同様に、一般に関心の高さと実行とは直接対応しないものではあるが、家庭での食事に対しては、非日常的なものとしての家庭料理という従来とはやや異なる面から、関心が寄せられている傾向があることを感じとることができるようである。

現代の家庭は食事に関して、家庭としての独自な料理をもつという非日常的な課題と、家庭構成員の個別的要望に応えるという日常的課題とを併せもっているということができる。この二つ課題は、決して両立できないものではないが、これらをさばく現実的なマネージャー役は、いうまでもなく家庭の主婦であり、主婦が食事そのもの、さらに、料理・食品などについてどのように考えているかが大きな意味をもっている。

主婦は、家庭に新しいものが入ってくるチャンネルのゲイト・キーパーである。マス・コミとの接触が多い層は、新しい食品を採用する度合が高く（少なくとも試用段階までには進みやすい）、また、姑や母親などと大人になってからも一緒に暮らした経験のある人は、そうでない人たちよりも、いわゆる家庭料理をつくるのが得意と答える傾向があることも確かである。

ある家庭の食生活が変化することに関係して、影響を与えている要因はさまざまであって、ゲイト・キーパーが外部社会から新しいものをとり入れるということもあるし、食品入手ルートを通して新しい商品が入り込んでくる場合もある。

家庭の食事の変化に関しては、①主婦の料理知識・技術、②主婦の変化への意欲、③家庭構成員（夫や子供）からの要求、などが重要度の高い条件であるが、最も注意する必要があるのが家庭構成員からの要求である。いくつかの研究によると、家庭における食事の内容（栄養・料理の両者を含めて）を変化させる場合、そこには家族構成員たちからの要求が強く影響を与えていることが明らかになっている。しかも、要求の基準は同様ではなく、健康によいことを優先する考え方と味覚を重視する意見とが真正面から対立することもあるなど、いずれを採用するかをめぐって〝適度な緊張〟を伴う場合すらあるとされているが、いずれにせよ、家族構成員からの意見や注文が新たに刺激材となって、家庭内に変化が生じるのである。

しかし、このようにして生じる変化が常に食事の質を高める方向のものであるとはいえない。

〝食事の質〟とは、何を食べるかということ以上に、どう食べるかにかかわっている。家庭での食事に関していえば、家族を構成する個々人のニーズと家族全体としてのニーズとの両方を満足させようとする意欲として表現できるのではないかと思われる。個々人としての趣味・嗜好あるいは機能性といったものを満足させようとすることは、食事の質にとって重要なことであるが、と同時に、人間が生活する単位である家庭としての趣味・嗜好をどう満足させようとするかが問題なのである。

各人がてんでに好きなものを食べているだけでは食事の質は決して高いとはいえないのであり、さらに、生活の質が高いとはいえないことになるであろう。

世代の異なるものが同居している家庭の場合、若い世代に献立権がある場合は老人に、その反対に古い世代が調理を担当する場合には若い人に、それぞれ食事に関する不満が生じやすいことが指摘されている。そして、このような世代が異なるものが同居する場合には食事だけを別にすることを希望する傾向がみられ、食生活をめぐる家族の不満や緊張を避けるひとつの方策であるとも評されている。

しかし、このような考えかたには基本的な問題がある。

家庭構成員相互の不満や緊張を避けるために食事を個別化するという方策は、栄養の関係など生理的条件から必要がある場合などは当然の措置ではあるが、これをもって、家族の食生活をスムーズにするための方法と考えるのは誤りである。つまり、家族構成員のニーズに対する個別的対応のみが強調された時、家庭での食事がもっている〝家族としての精神的充足〟を満足させないことにつながりやすい。もとより、家族としての精神的充足をはかる場が食事だけではないことも当然であるが、生活文化の形成において重要な位置を占め、生活の具体的表現の場である食事を機能性本位に考えてはならないのである。

ちゃぶ台からDKへの変化

家庭での食事が、家庭のだんらんを伴うようになったのはそう古いことではない。台所が「厨」と「配膳場」から構成され、食卓が各人毎の「箱膳」であった時代、食事は一家が揃ってとるのが原則であったが、家父長制による序列があり、一家のだんらんを伴ってはいないことが多かった。

台所が近代化され、「炊事場」として家の中に位置されるようになったのは大正期の中頃から昭和の初期にかけてのことである。そして、食事をとりながらの一家だんらんに適した食卓として家庭に普及したのが「ちゃぶ台」である。「ちゃぶ台」そのものは明治の初めに登場しているが、一般家庭のものとなるのはずっと後のことであり、「ちゃぶ台」が家族の対話を促進したと評する人もいる。

第二次大戦後には、炊事場は「キッチン」に、ちゃぶ台は「食卓」にそれぞれ名も形も変わるようになる。やがて、食事を作るところと食べるところとが一緒になった「ダイニング・キッチン（DK）」なるものが登場するようになる。

台所は、家の中の別個な場所から家の中の一隅へ、さらに部屋の一つへと移り、そして居間の一部が台所に、という具合に台所の地位は一貫して高まってきたということができる。その理由には、前述した使用する調理用エルギーが変化したことがあるが、そこを主たる活動の場とする女性の社会的地位の向上という条件も関係していると考えられる。

台所の地位の向上は、同時に、家族が一緒に食事をすることが少なくなる傾向とも関係ある。現実的にいっても、ダイニング・キッチンという場は食事を楽しむところではありえないのであり、機能的に食事を摂る場所であり、口の悪い人は〝えさ場〟と称している。

このようなタイプのつくりはアメリカの影響であろうが、標準的なアメリカの家庭にはダイニング・キッチンとは別に必ずといってよいほどに「ダイニング・ルーム（食堂）」が用意されていることを忘れてはならない。そして、最低でも週一回はダイニング・ルームで家族一緒に食事をする習慣をもっている。

全般的にいえば、家族全体としての食事とのかかわりをもっと深める必要があるように思われる。最近では、「外食」を通してこの点をカバーしようとする傾向がみられる。これには、限られた数の部屋をそれぞれに配分してしまったため（個室化）、家の中に家族が落ち着いて食事を楽しむスペースが乏しいといった事情もあり、また実際には作るのが面倒だという理由、さらに、外食することそのものが有力なレジャー活動となっているということもあげられる。

このような傾向をなんら否定するものではないが、家庭の中に家族との食事の場や料理などをもつことができてこそ、はじめて食事の質といったことを問題とすることができるのではないだろうか。ガス・クッキング・テーブルとかホット・プレートといった器具がかなりの人気を集めているということは、家庭での食事を工夫し、家族として楽しもうと考える人がかなり増えてきたと解してもよかろう。

なによりも重要なことは、家族であっても意見や趣味が違うのは当然だと考える態度をもつことであり、その上にたって、全員で共同歩調をとりうるものを探し、作り上げる意欲をもつことなのである。

各人各様の〝分食の時代〟において、新しい〝共食の方法とルール〟をどう確立していくかが食事の質の基本的問題なのである。

皐月「サービス」

◆サービスの意味するもの

世の中には、誰もが知っており、気軽に用いているが、さてその意味をはっきりさせようとすると大変、といった言葉がある。「サービス」というのはその代表的な言葉ではないかと思われる。

①あの店はサービスがよい
②最近は店員のサービスが悪い
③休日は家族サービスにあてた
④本日のサービス（特価）品
⑤付属品はサービスしておく
⑥○○市以遠の地方への配送サービスは有料となる
⑦コピー・サービス
⑧サービス・カウンター

ここにあげたのは、サービスという言葉の用法の一例であるが、それぞれの「サービス」の意味するものが必ずしも同じではないことは明らかであろう。

①②の例にみられるのは、顧客への対応姿勢を意味するものとしてのサービスであり、①が総合的評定といった感じが強いのに対して、②はより具体的な対応の良し悪しを取り上げている。これらの場合に、サービスが良いか悪いかを決めているのは、個々人の主観的なものであり、①・②の用例では、利用者である〝自分〟がどう判断するかが最大のポイントとなっている。

①や②の用例が広い意味でのビジネス活動に関するものであるのに対して、③は個人の非営利的行為についての用い方であって、ある意図をもった行動を〝サービス〟と行動する側が呼んでいるわけである。同じような行動であっても、「休日に家族と一緒に遊園地へ行った」と表現すると積極的・能動的なニュアンスが強くなるが、用例のような言い方の場合は、「自分から進んでそうしたいわけではないが……」といった気分が込められており、〝奉仕〟にやや近い意味合いがある。

これとよく似た用法であるが、「我が家を訪れた知人に、家中でサービスに努めた」という場合のサービスは歓待の意であり、〝もてなし〟と同義であるといってもよいものである。

④の例は、サービスに関して最も多く用いられる表現の一つである。ここでのサービスとは、通常より安い代価で商品を提供することであって、安くした商品をサービス品と称しているわけである。ただし、ここでのサービス品は提供者（売り手）の論理によるものであり、サービス品であるからといって必ずしも売り手側の犠牲的提供行為を含んでいるとはいえない。

⑤の用例もよくみられるものであるが、この場合はサービスとは本来有料なものを無料（タダ）にすることである。ただし、それは本体あるいは一定の量という基本的部分を購入する場合にのみ成立する付加的な提供行為であることはいうまでもなく、〝おまけ〟のほうがタダなのである。

⑥以下の用法は、それぞれ具体的なビジネス行為を意味しているといってよい。⑥の例は、「配送サービス」というビジネス活動が存在しており、一定の地域的範囲内では無料であるが、それ以外では有料となるということである。この場合は、購入してくれた商品をそれぞれの顧客の望むところまで届けるという活動がサービスの名で呼ばれているのであって、先にあげた⑤のようにサービス＝タダということではない。ただし、このような用法での発送サービスがそれだけで独立して存在しているビジネス活動ではないことも明らかであり、そこで購入してもらった商品についてのみ行われるものであって、その意味では付随的な行為なのである。

これに対して⑦に代表される用法では、ビジネス行為としての便益の提供そのものがサービスと呼ばれ、コピーを有料でつくる活動がコピー・サービスと称されるように、提供する便益＋サービス＝ビジネス活動の種類の名称となるわけである。そしてさらに、提供する便益の内容・種類などに基づいて、ビジネス活動を整理・分類することができることになり、いわゆるサービス業をどう把握するかという問題となる。

最後の⑧の用法は、やはりビジネスとしての活動に関するものであるが、その一部分（サブ・システム）を占める人的接触の「場」を意味しているものである。つまり、ビジネス活動を構成しているさまざまな要素のひとつとしての便宜提供活動がサービスと称されているのである。この場合は、その活動そのものがサービスなのであり、それが利用者にどのような印象を与えているかという問題とは直接関係がない。その活動を情緒的な面から評定したのが前述した①の用い方であって、そこでは、個々の利用者からみた良し悪しで判断されるのがサービスであるということである。

◆日本的なニュアンス

サービスという言葉の使われ方、用い方をいくつかあげて、それぞれにおけるサービスの意味・ニュアンスを考えてみたわけであるが、この言葉の多義的なことと曖昧さを多くもっていることを改めて知ることができよう。

最も混乱を生じさせているのは、例の④⑤としてあげたような、提供する側からみた経済的な奉仕活動の類をサービスと称する用法であり、サービスの性格を不明確にさせている。このような用法は日本語としての「サービス」だけがもっている独特のニュアンスである。

英語の「service」という言葉もきわめて広い意味をもっているが、他人のためになることをすること、というのが意味の中核をなすものであり、ここから、他人のために働くこと（＝勤務）一般を意味するようになっている。また、他人（＝社会一般）が必要とするものを提供する仕事およびそれに従事することが service と称されている。また、宗教上の儀式をサービスと称しているが、その基本的な意味はいずれも同じであるといってもよい。

日本語としてのサービスの場合は、ビジネス活動としてのニュアンスが強くでており、だから、本来は高いものを安く提供するという意味での奉仕がサービスとされ、本来的に非経済的な社会奉仕のような活動はサービスと呼ばれていないのが普通である。特殊な用例としてクリスマス時期に行われるキャンドル・サービスなどがある。これを、ローソクの無料配布や大安売りだと思う人はいないだろうが、このような儀式をサービスと呼ぶのは（日本では）例外的である。

また、サービスは〝おまけはタダ型〟の対応や、無原則的な（何をどうするかが不明確な）顧客や買い手への奉仕を意味するものとして用いられることも多く、経済用語というよりも商売用語としての性格を強くもっていることは明らかである。前にもふれたように、用例③としてあげた表現も経済的活動＝義務的活動をするところから生じているのであって、家族サービスという言い方には〝義務的活動〟といったニュアンスがあり、ビジネス用語の転用である。

現在、われわれが用いているサービスという言葉はいろいろな異質な内容を包含したものということができるが、次の四タイプに大別することができる。

(1)　もっぱら機能的な面での便益の供与を意味するもの

電話・電気・ガス・水道などの供給に代表される。

(2) 機能的な面と情緒的な面との両面での便益の供与を意味するもの

多くのビジネス活動は、両面の便益を提供しており、その組合わせもさまざまである。交通事業のように相対的に(1)の方に近いものもあるし、宿泊業のように狭義のサービス業と称されるものは、次の(3)の方に近いところに位置している。

(3) もっぱに情緒的な面での便益の供与を意味するもの

一般に〝接客サービス業〟と称されやすいナイト・レジャー関係のビジネスに代表される。

(4) 実質的・経済的な利得の供与を意味するもの

サービス商品・サービス価格といった言葉がその代表例であり、また、〝おまけはタダ型〟のものも含まれる。前述したようにこのような用法は日本独特のものであり、他の(1)から(3)までのものとは大きく質が異なっている。

◆サービスを構成する機能性と情緒性

さて、このように分類することがサービスという言葉を用いるうえでどのような意味をもっているのであろうか。

私たちはどのような場合にサービスが良いとか悪いとかを言っているのかを考えてみよう。機能的な面での便益の供与をするのはサービス事業であるが、この種のサービスに対しては、サービスが良いとか悪いとかを言うことは少ない。むしろ、便利―不便利という機能性を評価する言葉が用いられやすい。その大きな理由は、すべての人が受ける便益の間にはほとんど差がないということである。別な表現を用いると、提供される便益が有している価値は普遍性が高く（誰が用いても役にたつ）ということなのである。

これの反対の極にあるもっぱら情緒的な面での便益を提供する場合はどうであるかというと、この場合もサービスの良し悪しが言葉として使われることは決して多くはない。何故かというと、接客サービス業に典型的にみられるように、人が人（客）に対して歓待することがビジネスそのものなのであり、良い商品を提供していることなのである。だからサービス（すなわち応対）が悪ければ、その店あるいは提供者が悪いことになり、サービスに対する評定は同時に総合評定ともなるのである。このような情緒的な便益の提供としてのサービスでは、その価格も客の得る主観的な効用によって異なるわけで、適正な価格を定めることは困難なのである。

機能性中心・情緒性中心という場合には、それぞれサービスの良い悪いといった表現はあまり用いられないことを指摘した。では、やや異質の実質的利得の供与としてのサービスの場合はどうであろうか。

この場合は、サービスという言葉を用いるのは、ほとんど提供者側の方であって、提供者の犠牲（＝サービス）が強調される。しかし、利用者（購入者）が、このような〝値引きサービス〟そのもの、およびそれを行なっている店や提供者を良いサービスと評することはきわめて稀である。つまり、このタイプのサービスという言葉は提供者（売り手）がもっぱら用いているのであって、利用者の方は提供者の主張するほどには実質的利得を認めていない。これには二つの理由があるようである。

ひとつは、価格が安くなることが必ずしも買い手側の利益にはならないことであり、購入を希望していたものの値段が下がったのであれば確実に得であるが、そうでない場合、価格の相対的に安い商品を購入するというひとつの事態なのであり、良いサービスを受けたとの評価は生じにくい。

もうひとつは、今述べたことと密接な関係があるが、価格サービスなどは機能的サービスと同次元に扱われやすいのであり、基本的に誰に対しても同様であって、対象を個別化する余地はないのである。このような場合もまた、サービスの良し悪しの評定がなされにくいのである。

いままで述べてきたことで明らかになってきたのは、サービスの良し悪しが問題となるのは、機能性と情緒性の組合わせでの便益の供与を行なっている場合であり、さらに、供与される便益が個々人によって同一ではないことと人々に感じられることがあげられる。

評価の対象となるサービスは、機能性と情緒性が組合わされたものということは、サービスが、ある程度の客観的な基準をもつ機能的な面での便宜の供与をベースとしていることを意味している。その意味から、空間的移動を援助してくれるのが交通サービスであり、新しい情報の収集・配布を行なう情報サービスをはじめさまざまなサービスが存在することになるし、小売業やセールスマンは商品の分配という流通サービスにたずさわっているわけである。

そして、それらと機能的サービスと情緒的な面での便益の供与との組み合わせは多種多様である。この組合わせということは、人間そのものの特性に由来していると考えることができる。合理的であり理性的な面をもつとともに、感情的な面をもっているのが人間なのである。

ある種の品物を購入するにあたって、品物本位で販売者（店）を全く考慮に入れない人もいるかもしれないし、販売者（店）本位でそこが扱っている商品の中から選択するという行動をとる人もいるであろう。

サービスが良いとか悪いとか言われるということは、機能的な面では一応の役割が果たされているからであり、組み合わさるべき情緒的な面が問題にされているのは、人間が機能的なものだけでは絶対に満足できない存在だからである。また、当然ながら個人差があるものであって、人間の満足という問題を考える糸口ともなっている。

水無月「自動販売機」

ひとつの販売方式としての地位

現代の都会に住む人びとは、一日に何台くらいの自動販売機に接しているのであろうか。交通機関の乗車券販売のように、自動販売機の利用が原則となってしまった部分もあり、タバコや清涼飲料などのように、自動販売機による販売のウエートがかなり大きいものも少なくない。自動販売機は街にあふれているといってよい。家の外へちょっと出れば、なにかしらの自動販売機を目にすることになる。家の周囲一〇〇メートル以内のところに、一台の自動販売機も置かれていないとすれば、そこは大変に閑静な高級住宅地であるか、あるいは、おそろしく辺鄙なところのかのいずれかであろう。

このように、現在では、呆れてしまうほどに普及した感がある自動販売機も、一九五九（昭和三十四）年の時点では日本全体を合計して一万台前後にしか過ぎなかった。しかしその後、飲料関係を中心に徐々に普及するようになり、一九六〇年代後半（昭和四十年代前半）になると、タバコ、飲み物をはじめ各種の販売機普及が急速に進み、一九六八～七〇年の間に、前年度の二倍以上も伸び続けた機種もあった。そして一九七二年度には、なんと合計一五〇万台にも達したのである。

戦後の日本経済の発展、とくに消費生活の変化に大きなかかわりをもつ「所得倍増計画」が発表されたのは一九六〇（昭和三十五）年末であり、また生活の近代化・合理化、生活意識の変化などを意味・内容とする「消費革命」という言葉が用いられるようになったのは、その前年のことであった。つまり、自動販売機は戦後の消費生活に大きな変化がみられる時期に登場し、消費革命やいわゆる〝流通革命〟の進展と密接な関係をもちながら、飛躍的に増加し続けてきたということができるのである。

自動販売機が急成長、大量普及をとげた要因としては、一般に次の事柄があげられている。

(1) 消費財メーカーの大量販売と流通政策に適合した販売形態であったこと。いつでも・どこでも手軽に購入できるような仕組みを採用することによって、〝販売機会〟を拡大することができる。

(2) 小売業の人手不足と人件費高騰に対する有力な省力化策と考えられたこと。夜間や休日等であっても、顧客対応が可能となる。

(3) 消費者の購買慣習の変化に即応しやすい仕組みであったこと。前記(1)に対応したものであり、いつでもどこでも手軽に購入したいという消費者のニーズがあげられる。

自動販売機はその基本的性格としては、〝省力化のための機器〟ということがあり、その普及も当初は会社や工場などの職域が多かったのであったが、次第に一般小売店の店頭や街角にも進出し、さらに、ホテル・旅館をはじめとする対個人サービス業が大量に採用するようになっていった。自動販売機の台数が増大するにつれて、それによる販売金額も大幅な伸長を示し、現在では、乗車券などの切符類は除外して年間一兆円程度の売上があるものと推定されている。

自動販売機による売上増大にはさまざまな自動販売機用商品の開発によるところも大きく、とくに食品関係にはこの傾向が強い。

自動販売機の中には、元来は特定の目的のために開発されたものが一般化したという例もあり、その典型的なケースとして、ある会社が開発した「かけうどん」の自販機がある。これは、元来その会社の工場での夜勤者用に自社製造したものであったが、利用者の評判がよく話題となり、機械への引合いが外部から相次ぎ、その結果、同社はこの自販機を商品として製造・販売するようになり、一応の成績を収めていると伝えられている。この例は、自動販売機が省力化に応えるものであるだけでなく、ひとつの新しい販売方式として消費者に支持されていることを示唆している。

自動販売機による販売（あるいは購買）は、今や人手を介する一般の販売方式、そのうちの商品選択を購買者自身が行なうセルフ・サービス方式に次ぐものとなってきており、通信販売方式と並んで、人的を介さないで商品を売買できるものとして大きな地位を占めるようになってきているのである。

自動販売機とサービス

どのような商品であっても消費者からの一定以上の支持がなければ市場に存在し続けることができないのと同様に、ひとつの新しい販売方式が普及したということは、そこになんらかの形での利用者側の支持があったことを意味している。自動販売機の場合も、そのメリットを認める人びとがかなりいたことは明らかである。

あるアンケート調査によると、自動販売機の利用者たちは、その長所として「早くて合理的である」「同じ場所で好きな時に買える」「人が介在しないために煩わしさがない」「少量でも抵抗感がなく買える」などをあげており、さらに「マシンの操作はスマートである」をあげている若者もいる。

これらは確かに、自動販売機のもっている特徴を指摘しているものといえよう。ところで、これらは自動販売機による販売（購買）がもっている機能性に対する積極的評価をしているものと、他の販売方式がもっている情緒性が引き起こしやすいデメリットが自動販売機にはないからという消極的評価、の両方を含んでいることに注目する必要がある。

好きな時に買えるからといったものは、商品入手のチャンスを増やしたことによるものであり、その意味では消費者の利便が増加したことを示している。一方、人が介在しないから煩わしくないからという〝長所〟は、人が介在することによって生じがちな短所を否定することだけから生じてくるのではなく、同時に人が介在することの利点をも無視してしまった観点からの評価なのである。

したがって、このような長所は、それをどう考えるかという個人差の問題であるし、さらに、事柄や状況によって一概には評価しにくい面をもっているといえよう。にもかかわらず、人の介在を煩わしいものとして、それが全く存在しない自動販売機を、その面で評価する人たちがかなりいるということは、ひとつの大きな問題を意味しているのである。

（前号の「サービス」で述べたように）、サービスの良し悪しが問題となるのは、機能性と情緒性の組合せによって便益の供与が行なわれている場合である。そして、専ら機能的な面での便益を供与するものに対しては、サービスの良し悪しをいうことは少なく、便利―不便という機能性を評価する言葉が用いられることになるとも指摘した。

最終消費者に商品を引き渡す小売業などは、本来的に機能性と情緒性との組合せによるサービスを行なうものであり、顧客からサービスの良し悪しが問題にされるべき仕事であるといえよう。組合せによるサービスであるからこそ、扱う商品が同じであったとしても〝売りかた〟に差異がありうるのであり、販売にあたる人びとの努力・工夫・熱意といったものによって、トータルとしての違い（＝個性）を示すことが可能となるのである。最も重要なのは、サービスに満足した客は顧客として再利用に結びつきやすく、不満足な客は別な販売者を求めて他へ行くであろうという点である。それは、販売者努力によって顧客を獲得できることだけではなく、新商品の推奨などを通して新しい市場を開拓する可能性があることを意味している。

一方、購入者側は、商品の購買において人間が介在しているために、さまざまな助言（もちろん販売促進を意図した発言も多く含まれよう）を得ることができるとともに、購買に関する不平・不満や苦情を述べることも可能となってくる。そしてさらに、「いらっしゃいませ」「ありがとうございます」といった取引に付随した人間的言葉を交わすことを通して、商品の売買はたんに機能的な所有権の移動だけを意味するのではなく、きわめて人間的な営みであることを自然に学んでいることにも留意する必要があろう。

自動販売機による販売はひとつの新しいサービス方式であるが、それは、人を直接に常時介在させないでよいというメリットによって、サービス機能を時間的・空間的に拡大したものである。その意味で機能性のみのサービス提供であるから、前述したように、サービスの良し悪しという評価対象にはなりえないなのである。フロアに自動販売機をずらっと並べて、お客様にサービスしていますというホテルや旅館の経営者がいたとすれば、それはサービスの意味を全く解していないといわざるを得ないのであり、客はそれらの機械の設置をもってサービスとは受け取りはしないし、自動販売機が顧客を獲得することはできないのである。

自動販売機型社会のデメリット

ここまでを読んだ読者から、「まあ、そんなに理屈を言いなさんな、便利なものはそれでいいではないか」と言われそうである。その便利さをなんら否定しているのではない。しかし、欲しいものがいつでも、どこでも手に入るということが、本当に便利なことなのかを考えてみることも必要である。

自動販売機はそれなりに便利な面をもっているが、忘れてはならないのは、自動販売機を定期的に点検し、中にモノを入れて置く人がいるからこそモノがでてくるのであって、人間の労働がなければ維持されない道具だというきわめて当たり前のことである。欲しいモノがいつでも手軽に入手できるなどというのは幻影にすぎない。自動販売機による安定した商品提供を行なうために、その裏側では膨大な労力が使われているのであり、大きく広がった設備個所を管理するためのコストが増大し、かつその固定化が経営を悪化させている例さえもある。

いつでも・どこでもというのは利用側からみると大きな魅力となることは事実である。商品に対するニーズの顕在化が突発的で、かつ、代替が困難であるという商品を自動販売機が扱うことはきわめて合理的であり、人間生活に益するところは大きいといえる。しかし一部の救急用医薬品や生理用品を除くと、このような商品が数多くあると思われない。また、切手類などの自動販売機も公共的サービスを拡充するという意味から納得できるものであって、とくに不便な場所に設置される場合にはその効果がある。

だが大部分のものは、ちょっとした準備や計画、あるいは我慢によって、購入を調整することが可能なものなのである。その意味では、いつでも・どこでもというニーズに応えることが望ましいとは一概にはいえないのであって、とくに、その幻影を守るために多くの労力が費やされているとすればなおさらである。

自動販売機型の欲求充足に慣れてしまうことによって、欲求は金銭によって手軽に満たされるものと錯覚してしまう傾向があるのではないだろうか。現代の若者の中には、社会全体を巨大な自動販売機と考える傾向すら、すでにみられるのである。提供・用意されているいくつかの中から自分の好みに合ったものを選択しようとし、しかも、他人との相互作用を避け、できるだけ煩わしくない形でその実現を求めるのである。

自動販売機は、情緒的な対人関係は最初から求められていないものであり、自分の気に入ったモノがすぐに入手できることだけが求められている。だから、品切れや故障のために欲求が満たされない時には、激しい欲求不満の状態をつくりやすいのである。実際に故障などのために、ただの金属製箱と化した自動販売機は足蹴にされることが少なくないのであり、ここに人間のわがままをみるともに、情緒的関係の全く介在しない場面の本質的な問題を考えることができるのである。

自動販売機は近代的・合理的な発想に基づいた販売方式であり、機能的サービスを供与するものである。当然のこととして、西欧諸国はより普及している、と考える人がいたとすればそれは誤りである。もちろん世界で一番普及しているのはアメリカであるが、その用法（設置場所・利用する品目）はわが国とは必ずしも同様ではなく、空間的広さの違いの問題もあるが、商品提供の便益を大きくするために設置されているといってよいのである。また、ヨーロッパは西ドイツを除くと、その普及はわが国よりはるかに少なく、必要な商品に限られている傾向がある。

相互依存的な三軒長屋社会から、急速に相互不干渉的なマンション型社会へと移行した経過において、台頭してきた〝煩わしさからの回避〟や〝物的な欲求充足第一主義〟などが、自動販売機の異常なまでの氾濫につながってはいないだろうか。

われわれは、自動販売機のもつメリットを認めつつ、真に有効な場面に限って利用すべきなのである。そしてさらに、販売にたずさわる人びとは、〝動く自動販売機〟と評されることのないように、人間が人間に対してのみなしうることを自覚した対応を心がけることが必要であって、それこそが〝サービスの出発点〟なのである。

文月「ギャンブル」

ギャンブルブームの意味するもの

五月最後の日曜日に行われた恒例の日本ダービーは、一四七億円の馬券売り上げがあったという（一九七七年のこと）。この金額が多いのか少ないのかは分からないが、一人平均五、〇〇〇円としても三〇〇万人もの人びとが参加しているということに対しは改めて注目せざるをえない。

昭和四十八（一九七三）年秋の、いわゆる石油ショック以降、多くのレジャー関係事業が低迷を示している中において、ギャンブルレジャーのみは対前年伸び率で二〇％前後を示しており、相対的にギャンブルブームの様相を示すようになってきている。

ギャンブルレジャーといってもさまざまであるが、なんといってもその中心は、競馬、競輪、競艇、オートレースの公営ギャンブルである。

これらを開催している自治体が現在、延べ四八〇団体もあるというのであるから、この点からいえば現在の日本はギャンブル天国であり、日本の中で、公営ギャンブルが全く開催されていない日はおそらくないのであろう。

これらの競技型の公営ギャンブルに加えて、江戸時代の「富籤」以来の伝統をもつ非競技型の「宝くじ」があり、これもここ数年来大変な人気を集めている。

一方、〝個人型ギャンブル〟としては、パチンコ、マージャンがあるが、これらも根強い人気をもっているようである。これらに加え、最近急増傾向を示しているのが〝ゲーム型ギャンブル〟である。ゲームセンターが若者の人気を集めているばかりではなく、子供を対象としたゲームマシーンが一般店頭に多数進出しており、この種のマシーン設置が、サラリーマンのサイド・ビジネスとして有力であるといった記事や広告を目にすることもある。

このように、売上げ、開催状況、施設数そして一般動向からみると、ギャンブルブームといえるが、このような状況は欧米諸国においてもみられるようである。アメリカにおいては、この一〇年間で公営ギャンブルの売上げが三倍以上になったということでり、フランスでは新形式の国営宝くじが爆発的人気を呼んでいる。また東欧諸国でも、国営宝くじには人気が集まっていると報じられている。

注意を要するのは、ギャンブルブームであることを数量的に示しうるのは公営ギャンブルの場合であって、このような大規模な公営ギャンブルが存在するのは先進諸国に多いという点である。つまり国民がギャンブル好きであったとしても、ギャンブルブームと称されるような形では現れにくい場合もあり、反対に、売上げとして把握できる数値の大きさが、国民のギャンブル好きであることを必ずしも示さないこともありうのである。その意味において、ギャンブルに参加している人数と態度といったことを合わせて把握することが必要となってくる。

わが国の場合、国民生活センターが行なった調査によると、ギャンブルを日常よくすると回答したのは成人の一三％であり、また、経済企画庁の独身勤労者に対する調査では、一九七六（昭和五十一）年五月中に競馬・競輪をしたものは一五％（男性だけでは二三％）で、マージャンは二八％（同じく男性だけでは四四％）ととなっている。

これらの調査データだけをもって、ギャンブルブームであるといった判断を下すことはできないが、ギャンブルが日常的レジャー活動の一部としての位置を占めていることは確かなようである。別な調査結果をみると、戦後生まれの世帯主の場合、日常身辺の関心事としてギャンブルをあげている人が一一％あり、この値は戦前・戦中派の世帯主のそれを大きく上回っており、前記のデータとあわせてみると、若い世代においては、ギャンブルに対する親近感が強いと考えることができる。

ギャンブルに対する態度を、総理府の調査からみると、「家計に影響がない程度ならかまわない」という考えかたを支持するものは全体の五七％であり、年代別では、男女とも若い年代にはとくにこの傾向がみられる（男性の三〇代では七七％が支持）。一方、「ギャンブルはもうからないからしない方がよい」という実利的否定論を支持するのは一七％、「よくないことだから絶対してはいけない」という道徳的原則論を支持するのが一三％であり、いずれも年代が高いほど多くなるが、高年代においても最も多いのは前記した〝条件付き肯定論〟である。

これらからは、ギャンブルに対する、暗い・悪いというイメージは完全ではないにせよ薄くなりつつあり、レジャーのひとつとして考えられるようになってきていることがうかがえる。では、現代のギャンブルは〝遊び〟として行われているのだろうか、そして、何が求められているのかを考えてみよう。

「遊び」とギャンブル

最近、わが国では「遊びの社会学」「遊びの文化人類学」などといった書物が相次いで出版されており、ちょっとした〝遊び論ブーム〟がみられる。このような〝遊び論〟が多くみられるということは、とりもなおさず学者や研究者が遊びに関心を寄せているからであり、同時に遊びが社会的な関心を集めていることを示している。

「遊び（プレイ）」とは、一般に〝活動を行なうこと自体が目的であり、楽しさを求める行為〟と説明されている。

このように、遊びがなぜ、なんのために行なわれるか、といったことを説明しようとしたのが「古典的遊び論」と称されるものである。

その代表的なものには、生活のための活動に注ぎ込む必要がなくなった〝余ったエネルギー〟が、生活活動の模倣となって現れたものが遊びであるとする「余剰勢力説」や、後で（成人になって）本格的に使われるようになる機能の訓練を主たる目的として、準備のために自発的に行われる活動が遊びであると考える「生活準備説」などがある。

このような説は十九世紀の終り頃に発表されたものであるが、それぞれがそれなりの説得力をもっている理論である。とくに後者の、生活のための準備であるという考えは、遊びを子供―とくに幼児―に限ってみれば優れた説明であり、〝○○ごっこ〟といった形の遊びを通して大人の生活の真似をし、また、男の子・女の子はそれぞれにそれらしい遊びを通して、男性・女性としての社会的役割を学習しているといえよう。

しかしこの説明も、遊び一般についてということになると、はなはだ具合の悪いことになる。成人一般の遊びを大人になるための準備だというのでは全く説明にはなってはおらず、とくに成人一般の遊びの中で、大きな位置を占めるギャンブルをどう解釈するのかは全く不明である。

古典的遊び論の後にも、遊びに関する説明は数多く行われてきたが、これらの説明について、ある心理学者は、①遊びが人間にとって有用であるという証拠を探そうとしていること、②すべての遊びに共通するひとつの機能をみつけようとしていること、の二点が共通する欠点であると批判している。

このように、遊びをごく狭くとらえ、人びとの具体的な行為として扱う立場とは全く異なる視点からの〝新しい遊び論〟が、オランダの歴史学者J・ホイジンガによって、一九三〇年代に展開されるようになった。

ホイジンガは、遊びを人間の生活におけるさまざまな制約から一時的に離れて、自由に行われる行為と解し、人間の歴史は、この意味での遊びによって作られてきたのであり、遊びこそ人間そのものであるとし、人間を〝遊ぶ人（ホモ・ルーデンス）〟と称したのである。

彼は、第二次世界大戦の終わり頃に、ナチスドイツの迫害を受け病死したが、遊びを考えるにあたって、おそらく最も重要な条件であるところの〝精神的な自由〟という重要な概念を残していった。このホイジンガの考えを、批判的に継承したのがフランスの社会学者R・カイヨワであった。彼らの立場は、（遊びの）歴史論的学説と称することもあるが、人間にとっての〝遊びの意味〟を正面からとらえようとしたものでった。

カイヨワは、遊びをその心理的原動力から「競争」と「偶然」という二つの相反するものを両極とする軸によって分類しようとした。ここでの「競争」とは、個人の努力だけ、すなわち訓練による自己の練磨だけが結果につながる行為とされ、これをギリシャ語で競技を意味するアーゴンと呼んでいる。一方、「偶然」とは、結果は個々人の側の条件とは無関係で、誰が良い結果を得るのかは事前には全くわからないものであるとし、ラテン語でサイコロを意味するアレアと称した。

カイヨワは、このアーゴンとアレアとが遊びの基本型であるとする。最も歴史の古いレスリングや陸上競技をはじめ各種の競争は、もちろん素質的条件も少なくないが、基本的には個々人の鍛練が結果につながっているものである。これに対して、サイコロやルーレットをその代表としてあげることができる賭事は、文字通り偶然によって結果が決まるのであり、〝運が良かった人が勝つ〟のである。

カイヨワの言わんとするところについてはもう少し説明を加える必要があるのだが、彼の遊び論によると、「ギャンブル」こそが遊びの基本型の一つである、ということになるのである。ただし、それは、現実の社会に存在しているギャンブルの仕組みを利用しての行為を直接意味しているのではなく、結果は誰にも予測しえないものを行なうこと一般を、意味しているものであることを理解しておく必要がある。

ギャンブルに求められるもの

カイヨワは、競争と偶然という相反する要素は近代以前の生活の基本的原理であり、人間はこの二つの形でさまざまな生の表現をしていたと考えている。賭事的なものが、人類とともに古くから存在していたことは〝歴史的事実〟であって、「聖書」の中にも十字架につけたイエスの着衣を民衆や兵卒がくじを引いて分けたという記述がある（ルカによる福音書第二三章、ヨハネによる福音書第一九章)。

近代以降の社会においては、純粋な形での競争と偶然は次第に少なくなっていったと考えられる。社会の仕組みが個人の努力だけ、あるいは偶然だけを許容することを難しくしていったのであり、努力と偶然という相反するものの複合体として現実社会はつくられていったのである。別な言葉でいえば、近代以前の社会は、遊びの論理が社会の全般にあったのであり、ギャンブル的要素が常に日常生活の中にあったということにもなる。そして、近代以降の社会すなわち産業化が進行する時代においては、遊びの論理とは異なる真面目な論理(近代資本主義の精神と称されるもの)が台頭し、やがて支配するようになっていく。

そこでは、偶然を可能な限り努力によって克服しようとする態度が尊重され、偶然を偶然としてそこに身をまかそうとするような態度は批判の対象となる。また、努力はある目的のための手段なのであり、個々人の努力の成果そのものに楽しみを認めることも否定される。

競争と偶然という要素が、人間が「生」を表現する基本形であるとするならば、現実の社会はそれに適合したものとはなっていないことになる。そして、実社会には存在しなくなった競争と偶然を、純粋な形で求めようとするのが〝遊びの世界〟なのだとカイヨワは考えるのである。

現代では、ギャンブルは人びとの生活の中に入り込んでおり、また、ほどほどにやればなんら問題はないと考えている人も少なくない。さらに、ギャンブルを経済的な意味での利得手段とみなす考え方はきわめて少なくなっている（儲からないものという現実認識が広まったといってもよいのかもしれない）。

その意味では、ギャンブルを〝人間と偶然との出会いという遊び〟としてとらえる人が増えてきているとも言えるのかもしれない。現実社会の中では可能性の薄い〝偶然による成果〟を求める場となっているともいえるのであり、このような精神に基づくギャンブルは、現代人のひとつの適応の型であると評することもできよう。

しかし、真に遊びとしてのギャンブルであるならば、そこに求められるのは、なによりも精神的な自由であり、時間的・空間的な自己完結性をもったものとして、その場だけで充実感を味合うものでなければならないであろう。ギャンブルが日常的な仕事の世界にまで入り込んでくるとき、遊びはカイヨワのいう純粋化の機能を果たすのではなく、現実社会の中に依然として存在する、混濁とした「運」を求める行為と等しくなってしまうことを理解しなければならないのである。

遊びとしてのギャンブルとは、偶然を対象としたさまざまな行為の総称なのであり、国や地方自治体に〝苦痛なき税金〟を支払うことだけを意味してはいない。その意味では、賭け金の額ではなく、賭けたことそのものを楽しむ人びとが増えた時、ギャンブルはより多くの人気を集めているというべきなのである。

葉月　「贈り物」

依然として盛んな〝お中元〟

いくつかの調査結果が示すところによると、都市部の約八〇％の世帯が〝お中元〟をする習慣をもっており、しかもこの割合はかなり安定したものであるとされている。家計調査などの資料を手掛りに推測すると、給与所得者は暮のボーナスの五％あまりを贈り物関係の支出にあてているものと考えられ、収入の多少にかかわらず一定の割合が〝お歳暮〟に支出されているということになる。

日本人は人にものを贈りたがる習慣の民族であると外国人から評されことがあるほど、人にものを贈ることは広く社会一般にみられる。とくに、いま述べたような年中行事ともいうべき〝お中元・お歳暮〟は依然として活発である。〝依然として〟というのは「無駄な習慣は廃止すべきだ」「虚礼廃止」といったことが以前から強く叫ばれているにもかかわらず、という意味である。

ごく最近、某金融機関が大都市の主婦を対象として行なった調査によると、全対象者の九割が「この夏にお中元を贈る予定をもっている」と回答しており、圧倒的多数がお中元をしていることが認められる。もっとも、お中元をしている人のすべてが意識面での賛成派や支持派ではないことも事実であり、積極的支持が一七%あまり、消極的支持や「やむをえないから」といった順応派が四七%を占めている。そして、「できればやめたあい」「やめるべきだ」などの反対の意見が約三分の一となっており、行動ではなく意識の面からみると、お中元批判派も決して少なくはないのである。

これらのお中元批判派は二〇代から三〇代の若い層に多いが、実はこのような傾向は最近の調査にだけみられるのではなく、今までに行われた各種の調査に程度はともかくとしても共通して現れていたもので、筆者自身が行なった調査でもこの点ははっきりと認められていた。

このような調査結果は、年齢の若い世代は、お中元・お歳暮に代表されるような〝定例贈り物制度〟に常に批判的であること、そして若い時代には批判的であった人たちもやや年をとってくるにつれて考えかたが変わってくること、の両方を意味していると解釈することができる。

つまり、いつでも反対派はいるが、それはある意味で〝年齢の関数〟であって、年齢が増加するにつれて、消極的ではあるにせよ支持派へと転じることになり、それに代って新しい反対派が登場してくるということなのである。だからこそ、冒頭に記したように、お中元をする習慣をもつ世帯の割合は安定性をもっていることに結びつくのである。

お中元・お歳暮の習慣が年齢の関数であるということは、それがある程度の〝社会的体験〟と結びついたものであることを示しており、定期的な贈り物がわが国の社会生活において、ひとつの重要な意味と役割とを有していることを示唆しているものといえる。

ところで、先に紹介した最近の調査によると、お中元の贈り先は平均すると八件で、一件あたりの価格は四、〇〇〇円弱となっており、他の資料を併せてみると、今年のお中元市場の規模は五、〇〇〇億円程度と考えられている。百貨店をはじめ小売業にとって、また関係商品のメーカーにとってもきわめて重要なマーケットであり、活発な商戦がくりひろげられるのも当然である。

具体的品物については、前記した調査によると「酒類」「のり・茶」「調味料」がベストスリーとなっており、全体の四割強をこれらの品物が占めている。一方、最大の販売者である大手デパート側では、最近のお中元・お歳暮の傾向として、贈答品の品定めが以前より慎重になっていること、デパートが選んだ詰め合わせなどの〝お仕着せ品〟が敬遠されつつあること、などを指摘している。そして、これらの原因はなんといっても不況で消費者のサイフのひもがかたくなったことである、と考えられている。

これらのことは、人にものを贈るということからいえば、むしろ当然のことといってよいわけであって、従来はお仕着せ型のものを適当に選択していたのだとすると、それはなぜかということも改めて考えてみることが必要となってくる。

「贈り物」の意味するもの

「贈り物」とは、ある人に何らかの意図をもって、物品を無償で提供することであり、また、このような用途に用いられた物品そのものをも意味している。

商店などで品物を購入してきてそれを贈るのも贈り物であるし、自分が所有しているなんらかの物や自分で作った物を進呈するのも贈り物である。ただし、何でも他人にあげたものを贈り物と呼ぶわけではなく、そこに〝なんらかの意図〟が存在することがひとつの条件である。

「お祝い」「お祝いのお返し」「記念」などがそうであるし、より一般的な形での「関心を得るため」「喜んでもらうため」「お礼に」などがその意図である。贈り物の場合、贈る対象がまず定まり、それから品物が用意されるというのが普通である。先ほどの調査結果にみられるように、贈る対象が想定され、次にそれぞれに贈る品物の選定がなされるのである。

このように贈り物という言葉は、贈る側の意図と贈る人の選定、さらに贈り物の選定という、それぞれ密接に関連してはいるが、異なる意味と内容を合わせもっている。

贈り物といわれるものは、基本的にいって、贈る人と贈られる人との間の、品物を介しての意思の交流であり、それはまた、贈り手の贈られ手に対する間接的意思表示でもある。しかし、最近の贈り物には、一般に〝意思の交流〟が少なくなったとも評されている。品物だけが突然にデパートから届けられるといった形の贈り物には意思の交流がほとんどないといわれるのである。いうまでもないが、ここで取り上げる贈り物とは、「賄賂」と称される〝不正な意図〟（それなりに贈り手側の意図は明確であるが）によるものではなく、一般人相互でのものである。

形式だけの贈り物がナンセンスと批判されるのはもっともなことであるが、違った観点からみれば決してそうではない。形式だけであるか否かを問わず、贈り物が盛んに行なわれるということ自体がきわめて大きな意味をもっている。それは、一般的に贈り物をすることは〝他人のために購買すること〟なのであり、贈り物を盛んに行うことは購買総量の増大に直結しているからである。自分の（または自分の家族の）ための購買であるならば、質の面はともかく、量の面では限界のあるのは自明のことである。しかし、他人のための購買であるならばその可能性は大きく広がることになる。

この意味において、贈り物（とくに商品を利用したもの）は、高度大衆消費社会における消費需要を拡大するうえで大きな役割をもつことになる。さまざまな記念日を設定・利用したセールス活動も基本的に同じ意味をもっている。かつて一人の女性が亡き母を偲んで身につけた一本のカーネーションがその起りとされている「母の日」は、いまでは花屋と婦人服メーカーや販売店にとって、重要なセールスプロモーション日となっている。これにあやかろうとして後につくられた「父の日」も、ネクタイや日曜大工セットの販売者にとってそれなりの意味のある日となっている。

このように消費支出の面からみた場合は、形式的であったとしても、贈り物およびその習慣は決してナンセンスとはいえないことになる。

贈り物の効用と商品選択

日本人の意識構造・行動様式といえば義理と人情という言葉がすぐでてくるくらい、われわれと密接な関係をもっているが、この義理・人情に対する態度が贈り物の習慣を存続させていることに深くかかわっている。現在ではなく、かつてお世話になった方々へお中元などの贈り物をする人がきわめて多いことは、そこに義理の意識が少なからずあることを意味しており、同様に、このような意識にもとづく行動がひとつの社会的慣習となっていることを示している。

そしてまた、われわれが実質そのものより形式や体裁を重視する生活態度があることについても理解しておくことが必要である。贈り物の場合にしても、包装に気を配り、リボンで飾ったり、ノシをつけたりして体裁を整え、みてくれをよくすることは広く一般に行われている。これらを、〝過剰包装〟や〝形式主義〟とだけ、表面的に結びつけてしまうのは正しいとらえ方ではない。

贈り物において、最も重要なのは〝贈り物をする〟という行為なのであって、その中身はむしろ二次的であるとされる場合さえも決して少なくない。したがって、贈り物において外装や贈り方に気をつかうのはむしろ当然であり、祝儀袋はただたんに金銭を入れた袋なのではなく、金銭を〝お祝い〟や〝感謝の気持〟という人間の意思表現に転換してくれる大事な小道具であると考えられてきたのである。

ここで、贈り物をする心理を贈り物のための品物選択の仕組みと関連させて考えてみよう。

品物選択に際してはさまざまな条件が考慮対象となるが、一般的にいって、「目的」「対象（贈る相手）とその関係」そして「予算」などが基本事項となっていると考えられる。これらの条件を総合して実際の選択は行われるわけであるが、まず、「目的」によって選択に臨む態度が大きく影響されることはいうまでもない。贈る目的・理由がはっきりしている場合には、選択は当然制限を受けることになる。

問題となるのは次の「贈る相手との関係」であり、これは、相手側の状況に対する〝理解の度合〟と〝関係に対する態度〟とに分けて考えることができる。

まず、相手側に対する〝理解の度合〟についてであるが、相手の事情をよく知っているか否かによって贈る品物の選択は当然異なってくる。贈る相手の好み等をよく知らない場合には、これならば、相手が困ることはないといった「無難型」の選択となりやすくなる。この場合、用いられる品物は一〇〇％が「商品」であり、贈答品のベストセラーと称されるものが贈られやすいことになる。つまり、「これなら好みには関係ないし、いくつあっても困ることはないだろうから」という考えからべ

ストセラーが選ばれやすいのであり、逆に言えば、このような考えかたをする人が多く利用するから
こそベストセラーとなるわけである。

相手側のことをある程度は知っている関係の場合には「これなら適当ではないか…」と判断して選
択することになり、これは「対象考慮型」と称されるものである。この場合も、用いられるのはほと
んどが商品ではあるが、「無難型」のように"ありふれたもの"だけに限定されてはいない。

そして最後に、相手のことをよく知っているだけではなく、贈ったものに対する評価等の反応をも
受けとることができる関係があり、これが「関係考慮型」である。この関係での贈り物においては、
利用される品目にはバラエティがあるだけではなく、さらには商品には限定されずに"手作り品"な
ども用いられることになる。

"関係に対する態度"としては、これを「プラス面への働きかけ」と「マイナスをなくすための働き
かけ」とに大別することができる。

前者が、贈り物によって両者の関係をより良くしようとする考え方であるのに対して、後者は、贈
り物をしなかったことによって生じると予想されるマイナスを防ぐことをまず重視する考えかたであ
る。例えば、周囲が皆がお中元をしているのに自分だけがしなかったら具合が悪いのではないかとい
った理由で、マイナスにならないように贈り物をしようとするものである。後者では、内容はともか
く贈り物をすることそのものに意味があることになる。

前述したように、贈り物に対して消極的支持派がかなり多いということには、実はこのようなマイナスをなくすための理由によるものが少なくないことを意味している。このような〝マイナス予防〟という考え方は社会生活の経験を重ねることによって生まれやすいのであり、また、このような考え方を支持しやすい社会的風土があることを示唆しているものといえよう。この理由での贈り物が「無難型」と結びつきやすいのは当然であり、具体的商品には時代による違いはあるものの、お中元あるいはお歳暮のベストセラー商品が常に存在しているのはこのためである。

しかし、品物の選択のしかたが「無難型」から「対象考慮型」へと徐々に変化しつつあることも確かであり、〝お仕着せ商品敬遠〟はその具体的な動きである。この変化が進展する時、それは必然的に〝関係への態度〟に対しても影響を与えることになり、相手の喜ぶものを贈って、より良い関係を維持しようとする積極的な態度を促進することになると考えられる。その時には、贈り物に関する〝マーケット〟はそれまでとは量的にも質的にも大きく異なったものとなると予想されるのである。

長月　「アルバイト」

アルバイトという名の労働力

不景気だとはいっても八月ともなれば、山や海へと繰り出すレジャー客は例年に優るとも劣らない人数である。これらのレジャー客が求めるさまざまなサービス需要に対応している労働力のほとんどは、俗にアルバイトと称されている臨時雇用の従業員である。リゾートホテルのルーム係やボーイ、レストランのウェーター・ウェートレスの大部分がアルバイトであることはよく知られていることであるし、夏には欠かすことができない「プール」で監視員や指導員の役目を受けもっているのもまたアルバイトである。

レジャー産業は、さまざまなサービス行為から構成されており、その展開にはかなりの労働力を必要としている。とくに、その中で主力を占めている対人サービス労働には、必ずしも熟練者でなくともよいという部分がある。これは、レジャー事業のサービスが基本的に〝一過的〟であることとも関係があるが、ベテラン社員が統括していれば、半熟練や非熟練の労働力であっても、それぞれが比較的単純な一部分を務めることが可能なのである。

とくに、季節によって需要が大きく変動する観光・ホテル業などにとっては、必要な時期の労働力をアルバイトに求めるのは、きわめて当然のことなのである。

レジャー社会は、人びとが遊ぶ時に働くひとを大量に要求するのであり、さまざまなサービス労働に対する必要性が高まる社会なのである。そしてサービスとくに対人サービスは、時間的にも空間的にも拡散する傾向が強く、都市部であれば、スナックやパブは街のいたる所にあり、その営業時間も早朝から深夜までさまざまである。

そして、レジャーに関する消費需要は、トータルとしては継続的に伸びを示してはいるものの、個々の事業においては、はやりすたりが激しく、浮き沈みがあり、さらに店舗間の競争も激しいのであり、その典型がボウリング場である。

このような体質をもっているレジャー関係事業においては、労働力のすべてを正規常勤者をもってあてるのは困難であるだけではなく、経営的にもリスクが大きすぎることになる。

したがって、夏季の臨時労働力をアルバイトでまかなうことはそのごく一部であり、大衆がレジャーとかかわる社会、さらにより一般的にいえば、サービスに対するニーズが高くなっている社会においては、臨時労働力に対する社会的要請も高まることになる。

この臨時の労働力が、現在「アルバイト」「パート」などと称されているものであり、アルバイトは学生による労働力の提供、パートは主婦等によるものと一般に解されている。これらは、正規社員となることを希望しているにもかかわらず、専ら雇用者側の事情によって、雇用期間が調整されてしまう「臨時雇い」とは異なり、別に〝本業〟がある人びとによる〝部分的労働〟である。

現代社会における臨時的労働の提供者として、学生アルバイトの占めるウェイトはきわめて大きなものとなっている。その背景には、アルバイトをすることができる、すなわち学生を本業としている人数が絶対数としてきわめて多くなっていることがまずあげられる。潜在的アルバイト要員とも称することができる大学生は四年制のものにだけ限っても、約二〇〇万人であり、これに短大・各種学校の学生、そして高校生の一部を加えるとその人数がわが国の労働力人口の一割以上に達していることは明らかである。

次に、それらの潜在的要員のアルバイト志向がかなり強いことがあげられる。学費・生活費を得るためのアルバイトから、全くの小遣い稼ぎのためのものまであるわけであるが、アルバイト経験のないものは大学生では皆無といってもよいほどである。筆者が現在担当しているゼミナールの学生三〇余名に尋ねてみたところ、教師の依頼した仕事や研究室の調査の手伝いなどは別として、全員がごく最近にアルバイトをした経験を有しており、しかもそのアルバイトが生活費を得ることを目的として行われたものは皆無であった。

大学生のアルバイト志向を具体化させているのは、いうまでもなくアルバイト採用に対する要望が継続して強いことにある。「日刊アルバイトニュース」をはじめ各種のアルバイト関係求人メディアが市販されており、かなりの発行部数があること（一週間の各誌の合計は五〇万部以上と推定されている）に端的に示されているように、アルバイトという名の労働力に対する社会的需要はきわめて強いのである。

アルバイトと〝花見酒の経済〟

現在では、アルバイトという言葉は完全に日本語として定着した感があり、学生はこれをつめて〝バイト〟ということが多いようである。この言葉が、労働・仕事・業績といった意味をもつドイツ語であることはよく知られているところであるが、わが国でこの言葉が人びとに知られるようになったのは、「アルサロ（アルバイト＋サロン）」という不思議な合成語の登場と関係があるようである。

アルバイトという言葉がわが国で使われるようになったのは、ナチス・ドイツが実施した「アルバイト・ディーンスト（勤労奉仕）」との関連においてであった。ナチス・ドイツは、ヨーロッパでの侵略戦争準備の一環として、国家総動員計画をつくり、これを「アルバイト・ディーンスト」と称したのである。日本はこれをそっくり模倣する形で、一九三八（昭和十三）年から、学生・生徒に対する「勤労動員」を行い、学生による労働＝アルバイトの言葉が（ごく限られた人びとの間であるにせよ）使われるようになった。そして、終戦後間もない頃に現われた、露店で物売りなどをする学生が、

「学生アルバイト」と呼ばれたが、それは多分に苦学生のイメージであったといえる。

ところが、一九四九（昭和二十四）年頃に登場するようになった「アルサロ（アルバイト・サロンをつめたもの）」は、アルバイトという言葉に、それまでのとは大きく異なる意味とイメージを与えることとなった。「アルサロ」という名称の新しいサービス業は、レジャー関連領域での〝新製品〟の多くがそうであるように、関西に出現したものだそうであるが、〝人妻や未亡人などの非経験者〟がホステスを勤めることを売りものとした大衆向キャバレーであった。つまり、非経験者あるいはそれが本業でないものが仕事をすることをアルバイトと称したのであり、ここから現在みられるような用法がだんだんと広まっていったとされている。最初のうちは〝苦労する〟というニュアンスがやはりついていたようであるが、やがては「アルサロ」はやや小規模なキャバレーといった程度の意味になり、アルバイトはそれを本業としない人の仕事一般のこととして、苦労するといった特別な意味合いも完全になくなってしまったのである。

現代のアルバイトは、主として若者が金銭を得るために仕事に従事することの総称であり、前記したようにサービス労働に対する社会的ニーズとも密接にかかわっている。そしてこのことが、大学生を中心とする〝アルバイト族〟を、レジャー産業の労働者と利用者の両方に位置させる結果となった。

大学生を中心とする若者は、働くことが本業でないのであるから基本的に〝ヒマもち〟である。しかし、カネもちではありえなかったのであり、生活と勉学のための金銭が不足する者はやむをえず働いていたのである。しかし、一九六〇（昭和三十五）年に「レジャー」という言葉がわが国に登場し、その後の経済成長とそれに伴う生活様式の変化は、それまではカネとは基本的に縁の薄かった若者たちにさまざまな形での収入を得る道を大きく開くこととなる。

そのきっかけとなったのは、いうまでもなくさまざまなサービス業の増大である。熟練を要しないサービス労働の担い手となったのは大学生らのアルバイトであり、また、機械化しえない肉体労働などもアルバイトの進出を歓迎した領域である。そして、ボウリング場の利用客の圧倒的多数が若者であるように、スナック・パブなどの新しい形式の飲食サービス業の主たる顧客も、自由に使えるカネをもった若者なのである。

スナック・パブをはじめさまざまなサービス業が、若者のアルバイトによって成り立っていることに示されるように、彼らは自分自身が一時的に労働することによって、〝ヒマもち〟であるとともに、ある程度の〝カネもち〟にもなったのである。

アルバイトで得られたカネは、レジャー関係事業にとって不可欠な購買力であるだけではなく、スポーツ用品やファッション性のある衣料品のマーケットにとっても重要なものとなってきている。さらに、アルバイトが提供する労働力がなければ、成立しなくなってしまうサービス業は少なくない。デパートなどの商品配送サービスのシステムは、完全に崩壊してしまうであろうし、と同時に、アルバイトのチャンスがなくなれば、彼らの購買力が急激に小さいものとなり、その消費に大きく依存しているサービス業も決定的な打撃を受けることになるであろう。

その意味からいうと、今日のアルバイトは多分に〝花見酒の経済〟であるが、経済の循環に寄与しているということは否定できない事実なのである。別な表現をとるならば、学生という、いわば社会人の予備軍の段階において、早くも現代社会の経済システムの一翼を担っていることになるのである。

「疑似労働」の論理

現在、四年制大学に学ぶ学生がアルバイトで得る収入を、平均して月に一万円程度と推定しても年間約二、五〇〇億円、その他の学生を加えると少なく見積もって年間三、〇〇〇億円を学生アルバイトは稼ぎ出していることになる。平均日給が三、八〇〇円余りとなっている現在（注：一九七七年時点での数値）、大学生一人平均を年一二万円とみたのは少なすぎることはあっても決して過大な推計ではない。サービス業とくに飲食関係では、長期継続型のアルバイト使用が目立っており、アルバイトという名の準就職の形すらみられるのである。

スナック関係、とくにファーストフード・チェーンにはとくにこの傾向が強く、店長以外はすべてアルバイトという例も多く、常用労働者の九五％までがアルバイトという例すらある。これらの中には、ボーナスを支給するもの、若干の昇給（日給レートの上昇）を行なっているものなどもあり、従来のアルバイト雇用とはかなり異なる〝新しい労働者〟として、独自の処遇と雇用管理を考えているものがみられるようになってきている。

そこには、労働法規的制約を大きく受けることなく、労働力を弾力的に活用できるという利点に加えて、企業に対し多少なりともロイヤリティを感じてもらえるアルバイトを確保することが安定化をもたらす、といった認識によるものであり、同時にアルバイト側からも報酬・経験などの点から歓迎されやすいといった事情もある。

一方、従来通りの全くの臨時的な短期的なアルバイトも存在してはいるが、アルバイト求人誌などからみると、その中心がある程度の継続型へと移行していることは明らかである。

このように、アルバイトの内容はかなり変化しつつあり、かつてのような〝苦役的イメージ〟はなくなり、（非本業者による）ビジネス活動としての色を濃くしつつあるのである。そして、アルバイトが労働の体験をする場であり機会であることもまた事実なのであるが、なんらかのアルバイトをすることが一般化し、アルバイトに対する需要が増大した結果として、数多くの仕事の中から自由に選択できるようになってくると、アルバイトはさらに〝疑似労働化〟することになる。

アルバイトという名の疑似労働においては、各人の自らの経済的必要性と時間的条件とを勘案してアルバイトをやるか否かを自由に決定することが可能である。そしてさらに、仕事内容と報酬との関係を勘案し、どの仕事を選ぶかも自由なのである。経済的必要性が高ければ、つまらないと思われても報酬が多い仕事を選択することになり、その反対に、アルバイト代は多少安くても興味がある仕事が好まれる場合もありうることになる。

これらは、まさに疑似労働の論理であり、労働をしているという点では一見共通性があるようにはみえても、実際の労働とは本質的に異なるものである。長期的には可能であっても、短期的には仕事と報酬との直接的対応を求めるのはきわめて困難であり、職場は仕事の場であるだけでなく、生活し成長する場としても機能しており、さまざまな制約を受けながらも長期的な展望をもつことによって連続して仕事に従事するのが一般の労働の論理なのである。

現代の若者とくに大学生は、レジャーとアルバイトの二つの体験をもっており、それは生きることの楽しさと働くことの大変さの両方を知っているといってもよい。しかし、彼らの働く体験の多くは、自分を中心とした一時的な〝自発的な拘束〟としてのものであり、人間の権利であり義務でもある〝個人と社会とのかかわり〟としての労働ではないことを理解しておく必要がある。

疑似労働の論理―アマチュアの論理といってもよい―は、これからの社会でますます強くなると思われる。これにどう対応するかは、多くの職業に共通したプロフェッショナルの課題となっているのである。

神無月　「結婚式」

〝タテ社会的〟対応

毎年秋の十月から十一月の時期は、春の四・五月頃とともに、〝結婚シーズン〟と称されている。この時期の日曜・祭日と「大安」とが重なった日ともなると大変で、有名式場では一年前に申し込まなければならないということである。当日は、〝結婚式ラッシュ〟と評される状態で、挙式・記念写真撮影・披露宴とが、ベルトコンベアーにのったように効率よく進行されることになる。

結婚式が特定の時期に集中しやすいことの理由には、一般的にいって一年の中で最もすごしやすい時期であること、したがって当人たちおよび参会者の着るものの都合がよいことなどがあるが、日時を予め計画的に決定できる性格のものだけに、慣習的に結婚式に適したシーズンとされている時期に集中しやすいということも大いに関係している。

春のシーズンは、卒業・入社・異動（転勤等）などの社会的活動の区切りと密接な関係があるのに対して、秋のシーズンはビジネスの年間サイクルの中で比較的穏かな時期であるということもできるようである。

ともあれ、結婚式に季節的集中がみられるのは事実であり、とくに都市ではその傾向が強い。わが国の結婚披露宴には、家族・親類・友人とともに仕事上の関係者を招くのが広くみられることであり、結婚する当人たちの職場の長や上司（あるいは以前そうであった人）は主賓客で出席することが慣習となっている。そのため、企業の経営者や部・課長といった役職者たちは、披露宴への出席というもうひとつのビジネス活動をはたす必要があり、結婚シーズンともなるとこのほうの仕事の負担もかなりのものとなってくる。

〝もうひとつのビジネス活動〟と呼んだのは、出席する理由（あるいは招く理由）の基本となっているのが、上司と部下といった制度的関係であるからであり、当人たちの個人的理由とは関係なく、出席せざるをえないことがあるからである。社員の結婚式に組織の長が新郎あるいは新婦の上司として出席するといった慣例があるとすると、常識的な日時・場所で開催される限りにおいては、企業側から誰かしらが出席すべきものとなり、招く側はそれを当然のこととして期待することになる。もちろん仕事上の関係といっても、個人的関係をもっている場合も少なくはない。しかし、専ら仕事上（あるいは制度的・組織的な面で）の関係による出席ということになると、それは仕事の論理に基づいており、ビジネス活動のひとつであると考えられるのである。

教師という職業も、その性格から結婚式とは大変に縁が深く、教え子の披露宴に招かれることが多く、企業の管理者などと同様に結婚シーズンには大忙しとなりやすい。筆者もある年の一シーズンだけで、仲人役二回を含めて十回以上も出席したことがあったが、こうなると土・日がほとんどそれにあてられることになり、披露宴でのスピーチのネタも底をつくことになる。

もっとも、数がいくら多いといっても教師の場合は、（過去の）制度的関係＋（現在までの）個人的関係のあるものに対象者は限られているわけなので、スピーチには学生時代のエピソードといった個人的な話題を紹介することになる。これに対して、ビジネス活動の一部として出席する方々の場合は、当然のことながら個人的な話は無理であり、何をやっている会社であるかの説明から始まって、時には「当社の商品は…」といったＰＲが展開されることになってしまうのである。

このように〝制度的関係〟について専ら述べるスピーチが多いのは、わが国の結婚披露宴ではむしろ当り前であって、父親がいかに立派であったかを延々と語る人がいたりするのも決して珍しくはない。

企業のＰＲ型や両親賞賛型の、当人たちとは直接には関係の薄いように思われるスピーチは、実は、当人が所属している組織の内容等について、あるいは、当人の背後にある「家」の特徴等について説明しているのであり、それはそれなりに大事な役割をもっていることになる。

社会が個人を中心として動いているとする立場からみると、このようスピーチはナンセンスであるだけでなく、お祝いの言葉とはいえないといってもよい。しかしわが国においては、個々人を社会的に評価する手掛りとして、どの組織に所属しているか、誰と関係を有しているかなどを重視する傾向が依然として強いとするならば、所属組織や両親について説明することは、重要な意味をもつことになる。

このことが、上司が部下の結婚式（通常は披露宴のみ）にビジネス活動の一部として出席することと密接に関係しており、伝統的な風俗習慣と時代感覚との結合によって行われている結婚披露宴というセレモニーにおいて、結果的には〝古いものの見方〟の方が尊重される状況をつくっていると考えられるのである。

性格と形式の変遷

結婚式は、古くから世界各地において、なんらかの宗教的儀式を伴って行なわれてきたものであり、一般的にいって古い時代ほど宗教的儀式の占める割合が大きかったと考えられる。

民俗的にみると、わが国の結婚形態は「婿入りの時代」「嫁入りの時代」そして「共同生活の時代」に三分類することができるようである。

「婿入りの時代」とは、新しい結婚生活がもたれる場所が女性の家であったことを意味しており、奈良・平安期から鎌倉時代頃まで続き、この時代の婚礼（結婚式）は女性の家で行なわれ、女性の親が主宰していたのである。

鎌倉から室町時代へと移る頃になると、結婚生活のありかたに大きな変化がみられるようになり、女性（妻となる人）が男性（夫となる人）の家へ引き移ることになり、「嫁入りの時代」となってきたのである。婚礼は男性の家で行なわれ、現在でも地方では多くみられる、盛装した花嫁の〝嫁入り行列〟が重要な行事となってきた。

興味深いのは、婿入りの時代の求婚は男が女に直接行うのが原則であり、当人たちの合意を重視していたのに対して、嫁入りの時代になると親の意向をより重視するようになり、その代理人としての役割をもつ仲人が登場してきたという点である。これらは、母権型社会から父権型社会への移行と密接な関係があり、この傾向が強く現れた武士階級で最初に嫁入りがみられるようになったとされている。

この形式が、室町から安土・桃山時代にほぼ確立され、諸作法も整えられるようになり、やがて江戸時代になるとこれが一般庶民の間にも広まっていったが、その過程で各地方の風習などが加わり、さまざまなタイプがつくられたと考えられている。現在も各地方に残っている婚礼風習や〝古式ゆかしき結婚式〟も、この時代に原型がつくられた「嫁入り型」のバリエーションのひとつなのである。

最後に登場するようになった「共同生活の時代」というのは、その言葉通り、夫と妻とがそれぞれの生家から独立して新しく共同生活を営むことを意味しており、このような形態がみられるようになったのは大正期以降であり、一般化したのは戦後のことであると考えられる。現在、われわれが見聞きする結婚といえば、その大部分は「共同生活型」であるが、この型が現われたことによって、結婚式および披露宴の意味と役割は大きく変化することになる。

「共同生活型」は、家屋・家職・家門によって支えられる「家制度」から離脱した新しい勤労者階層の誕生と密接なかかわりをもつものであり、当然のこととして、勤労者階層の集中する都市部にまず現われた。そして「共同生活型」の登場は、「嫁入り型」の人前結婚式に代わる、新しい婚礼儀式形態を生み出すことともなった。

西欧社会における教会のように、個人と個人とを神との約束という形で結び合わせてくれる機構がなかったわが国に、新たに登場してきたのが「神前結婚式」という形態であって、一九〇〇（明治三十三）年に大正天皇が行なったのが最初であり、その後急速に一般化し、各神社が挙式を行なうようになったとされている。

二十世紀を迎えようとする時期に登場した〝神前型〟に人気が集まった理由には、それなりに儀式的であること、簡便であること（神社とは儀式だけでの関係であること）などがあり、信仰（神道）と結びついたものであったとは全く考えられない。そしてこのような傾向は、最近では〝キリスト教形式の挙式〟を好む若者が多くなってきたことについても全く同様であり、婚礼を何式で行うかは当人たちの主たる関心事とはなっていないのであり、むしろ関心の重点はその後の披露宴形式に移っているといってもよいのである。

「共同生活型」の場合、二人が新たに生活を始める住居しかないことから、適当な他の場所に、関係があると思われる人びとを招いて披露する必要が生じてくるのであり、「神前結婚式」の普及と結びついて自宅以外での披露宴が行なわれるようになったのである。

挙式とともに披露宴ができる会場として、最初に誕生したのが「結婚式場」であり、現在も多数存在しているが、第二次世界大戦後、都心部にいくつものホテルが出現するようになるとともに、ホテル内の宴会場が大きな位置を占めるようになり、披露宴を受け持つホテルに、〝神社が出張してきて〟挙式をするといった、やや本末転倒型のものも多くみられるようである。

和洋・新旧混合の実験場

現代日本の結婚式、そして結婚披露宴ほどにさまざまな要素が混合したものは他にない。キリスト教の風習であった結婚指輪をはじめ、フランスから世界に広がったウェディングケーキ、シャンパンでの乾杯、さらに、ここ数年前からはブライダルキャンドルなるもの、そしてこれもホテルでの披露宴ではかなり一般化した感のある「母親への花束贈呈」という意味不明の儀式も加わってきているのである。

和洋が混然としているということ自体は決して珍しいことではなく、世界の各所にもみられることである。しかし、人間生活のサイクルの中で大きな位置を占めている儀式の中でも、誕生・死亡に関するものが、ほぼ伝統的なしきたりに従って仏式なり神式なりで行なわれているのに対して、結婚に関するものだけはきわめて特異な存在であり、和と洋をできるだけ両立させるようにしているのである。

ウェディングドレスを着て、「お色直し」に和服を用いるのを筆頭として、余興でのフォークソングから謡曲に至るまで、ありとあらゆる領域において和と洋とは平和共存する仕組となっており、時代的にも、古いものもそこでは尊重されている。

最初に記したように、結婚式の特定日に集中してしまう原因のひとつには、「大安吉日」を重視する考えがある。これは古代中国に起源をもつ「陰陽道」によるものであり、たんなる民間習俗であることも広く知られてはいるが、結婚をはじめ日取りの決定においては依然として根強い影響力をもっていることも否定できない事実である。そして「大安」を望む人が同時に「十三日の金曜日」をも忌み嫌うのであって、さらには「陰陽道」と「星占術」が両立していたりもするのであり、占卜的側面においても和洋・新旧は平和共存しているのである。

このような特異な両立がみられる理由としては、第一に結婚式ならびに披露宴の実施主体が曖昧で、集団的意思決定の典型であるため、誰からも反対されぬような形となっていったことがあげられる。

第二に、第一の理由と密接な関係があるが、結婚式・披露宴は、原則として一生一度のものであり、信仰上の拘束がないこともあって、出来るだけいろいろなものを併せてやりたいという欲望がみられるようになったということがあるように考えられる。

そして、第一と第二の両方の条件を満足させようとして、商品化計画と販売促進とを推し進めてきた結婚式関係者の〝努力〟こそが、現在みられる世にも不思議な結婚式をつくってきたのである。「母親への花束贈呈」を意味不明の儀式としたのは、これはそもそも身内だけの儀式なのであって、披露の宴とは関係がないものだからである。両親に感謝する儀式を、外部から来賓を招いた席で行おうとするのは、無理というより非礼と考えるべきである。

また、出席者がそれぞれに新郎新婦に贈る祝辞は、他の出席者にはなんのことやら分からないものが多く、その結果として、前記したような仕事としての出席者による会社のＰＲが逆に一般性を与えたりすることにもなっているのである。

しかしこれらは、あくまでも個人的見解にすぎない。むしろ、結婚式および披露宴の運営等に、新たに何が取り入れられているのか、何が変ってきているのかについて、継続的に注意を払うことが必要であるともいえるのである。

それは、日本の結婚式は、和洋・新旧が混り合った特異な実験場だからであり、われわれ日本人の生活習慣・風習の存続の度合を、具体的な消費行動を通してみることができるからである。

霜月「旅行」

旅行好きの日本人

世界の各地へと出かけていく日本人旅行者がきわめて多いこと、そしてその行先や季節には、かなり集中があることはよく知られていることである。一九六五（昭和四十）年から一九七三（昭和四十八）年までの間、毎年平均して二五%以上の伸び率を示してきた海外旅行も、オイル・ショック以降はやや低迷を示すようにはなっているものの、他の消費需要に比較するとはるかに良好であり、昨年（一九七六〈昭和五十一〉年）の実績は前年度を一六%も上回った数字となっている。そしてそのうちの八三%が、観光を目的としたものであり、広い意味での〝楽しみ〟のために出かけるものが大部分を占めている。

日本人の海外旅行、とくに観光を目的としたものの場合には、いろいろな形態での団体旅行が最も多く、距離・費用・日数などとの関係もあって、特定の目的地へまとまって行くことが大きな特徴となっており、これにさらに旅行シーズン（八・十一・十二月）の影響も加わることになるので、さらに集中化の現象がみられることになる。

したがって、ある時期のハワイのワイキキ海岸の白砂は日本人によってうめつくされることになり、パリの街で出逢うのは日本人ばかりといわれ、香港の有名店で買物しているのは日本人の旅行者のみと評されることになる。

一方、より身近な国内旅行はどうかというと、これも一九七四（昭和四十九）年以降の不況の影響を受け、従来よりはやや伸び率は低下しているが、旅行経験者数、旅行に対する関心といった点ではさらに大きな広がりを示していることが明らかになっている。

総理府が実施している「全国旅行動態調査（一九七六〈昭和五十一〉年）」によると、宿泊を伴った観光レクリェーションが延べ一億五千万人回、日帰り観光レクリェーションが延べ二億五千万人回であったと推定されており、それらによる消費金額の総額は四兆円に達するものと見積られ、この金額は国民総支出の二・五%強を占めていることになる。また、国民の参加率でみると、宿泊型八三%、日帰り型七八%となっており、国民の大多数が参加するようになってきているといって間違いはない。

ただし国内旅行の場合は、海外旅行と違って身近であり、気軽るであるため、一回あたりの費用もそれほど多くを必要としないため、個々人の経済的事情や運賃値上げなどの影響を直接的に受けるという点があって、行先が近いところに変更になったり、一回あたりの消費金額が低く押えられたりすることも多くみられるようになってきている。

また、行先や季節による集中化現象がみられるのは、海外旅行の場合以上であり、いわゆる有名観光地だけではなく、最近では年ごとに変わる「〇〇ブーム」がみられるようになっている。今夏の場合、沖縄の南西諸島を中心とする〝南の島々〟が人気の中心となり、若者を中心とする大勢の人々がどっと押しかけていった。

その最たるものが「与論島（鹿児島県）」であり、今夏の入島者数は約一〇万人で、ピーク時においては島人口（約七、〇〇〇人）と同数あるいはそれ以上の旅行者が島に滞在するという珍現象がみられたほどである。

このように、特定のところに集中してしまう問題は、以前からさまざまな形で論じられているものであって、「付和雷同型」と称されることも多いが、この点については別の機会にふれることにしたい。

ともあれ、海外・国内を問わず、わが国の旅行への需要はきわめて旺盛であって、国民の旅行（とくに観光旅行）に対する志向性は強いということができる。このことは自体は、広く一般に認められている事実であるが、その理由を、所得の向上・余暇時間の増大・生活意識の変化といった余暇活動一般の活発化に共通したものに求める考えかたと、より根源的な「日本人の旅行好き」といった、いわば〝国民性〟の問題とする考えかたとがある。

もとより、所得の向上以下の現実的諸条件がなければ、旅行とくに海外旅行の活発化はありえないわけであるが、わが国特有の〝団体旅行〟の形態、さらに、さまざまな集中現象などの解明には、やはり日本人の行動様式として旅行を考察してみることが必要となってくるのである。

旅行における本音とたて前

わが国の旅の歴史をみると、江戸時代とくに元禄期以降には、一般大衆の旅はかなり盛んになっていたようである。享保年間（一七三〇年頃）に著わされた田中丘隅の『民間省要』によると「四民ともに行旅の事は、故なくしてはする事はなき物也。士は君命に随って旅行し、農工商はそれぞれ家職のため、あるいは、後世菩提に信を行じて国々を巡礼修業する有り、余情の人有りて、慰み遊山のために旅行するは稀なり」と記されている。文字通り読むと、旅はそれぞれの仕事のために行われているのであって、仕事以外の目的で旅する人がいるとすれば、それは宗教・信心目的であり、遊びが目的の人はごく稀であるということになる。

しかし、この記述は事実をそのまま示したものというより、庶民の旅はかくあるべしという意識に基づいて書かれたものではないかという批判もある。その理由として、それより七〇年ほど前の「……遊山好きなる女房は離縁せよ云々……」といったお触書が出されていることが指摘されている。つまり、楽しみのための旅行を試みる人びとが実際に少なくはなかったという事実が、その禁止につながっていることは明らかだからである。

田中丘隅より前に、日本人の旅が盛んに行われていることを明らかにしているのは、オランダ人医師で長崎・江戸間を元禄期（一六九〇年頃）に往復したケンペルである。彼は見聞記（『日本誌』）の中で、日本人は旅好きな国民なのだとして次のように述べている。

「日本でもっとも往来のはげしい街道は東海道であるが、日毎に信じられぬほどの多数の人びとで埋められ、ある季節には、ヨーロッパの大都市よりも賑っている。その理由は、自ら好んですると必要にせまられてするとは問わず、他の国民と異なり、日本人は数多くの旅を試みるからである。」

この二つの記録を手掛かりに判断すると、江戸時代の中頃において、その目的はともかくとして、一般大衆の国内旅行がかなり活発であったと考えて間違いない。この点は、この頃からかなり詳しい『道中記』や『道中行程記』が作成されていることからもうかがえる。

ところで、田中丘隅が記しているように、旅の目的をはっきりと遊びであるとする旅は、この時代においてはほとんど存在しえなかったと考えることができる。それは当時の旅には「手形」が必要であり、要所要所に手形を改める「関所」が設けられていたこととも関係するが、純然たる「遊び」を目的とした旅は認められにくかったからである。

ここで重要な意味をもつのが、宗教上・信心上の目的をかかげた旅の存在である。信仰上の動機による旅は、大衆の旅の歴史において三番目に古い歴史をもつものと考えられる。なお、最も古いのは物資調達と交換のための旅であり、二番目は権力者による軍役や使役のために強制された旅である。

そして、宗教・信心による旅は、鎌倉時代から始まり、その対象も熊野詣から伊勢参宮へと移っていき、室町時代以後になると伊勢信仰が民衆の間に根を下ろし、〝伊勢参り〟が盛んになった。伊勢参宮以外にも各地の社寺参詣が盛んになったが、その基本形態は「講（講社）」を結んで行なわれる〝団体参詣〟であった。

社寺参詣が盛んになったことの背景には、現代の旅行の活発化の場合と同様に、社会・経済的条件の変化があり、国内治安の改善をはじめとする社会の安定が大きく関係している。

しかし、これら以上に重要な意味をもつものは、封建体制下において一般大衆の移動は厳しく制限されていたにもかかわらず、宗教・信心を理由とした参詣だけは特別扱いされていたという点である。社寺参詣とくに国の氏神とされていた伊勢神宮への参詣は、支配層から封建制度を維持する役割を果たすものと認識されていたのである。

そのため、他の理由では認められない旅も社寺参詣を名目とすれば認められることから、これを〝たて前〟としてかかげたものが現われてきたのである。前記したような社寺参詣を可能とした社会・経済的条件の変化は、当然のことのように一般大衆に楽しみを求めるための旅への意欲を刺激したであろうが、この本音は信仰上の理由という〝たて前〟をとることによってのみ実現可能だったのである。

一般大衆は江戸中期以降、続々とこのたて前を利用して旅へと出たのであり、十返舎一九の『東海道中膝栗毛』の主人公である弥次郎兵衛と喜多八もまた、伊勢詣を理由に手形を発行してもらっているのである。

たて前論からの解放

今までみてきたように、わが国の旅行（大衆の楽しみのための旅）の歴史においては、たて前としての論理と本音としての内実とが巧みに使い分けられてきた傾向がある。名目的には信仰心の充足といった参詣型であっても、その中味は次第に保養と娯楽を目的とした慰楽型へと移っていき、やがては信仰は全くのたて前になっていったとみることができる。

このたて前と本音ということに関して、江戸時代の人びとは現代人よりもはるかに素直であり、おおらかであったということができる。江戸川柳の「伊勢参り、大神宮にもちょっと寄り」が示しめしているのは、参詣はあくまでも名目だけであることを堂々と述べる庶民のたくましさであり、なによりも旅の楽しさを素直に表現している点を認めなければならない。

十返舎一九の『東海道中膝栗毛』は、十九世紀初期に執筆されたものであるが、旅行におけるたて前の制約をあえて全面的に否定し、食い気と色気という〝二大欲求〟の満足のみをもっぱら求めるという、本音だけで旅の楽しさを描いた他に類をみない特異の作品である。また、都市の人が田舎者を笑うという、旅行者の基本ルールとされる「ローマではローマ人のようにせよ」「郷に入らば郷に従え」の精神に反する行動を、主人公に終始一貫してとらせているという点でも興味深いものである。

明治期になって、旅を制限していた条件が次々と撤廃・緩和されるに従って、一般大衆の旅行も徐々に活発さをみせはじめることとなるが、今度は「教養を高める」ことをたて前とし、一八八八（明治二十一）年、文部大臣訓令によって正式に誕生した「修学旅行」は、身心の鍛練を目的とするものとして認知された。

かつての参詣型は、「講」という団体旅行と結びついたが、教養のための旅行である修学旅行も、学校を単位とする団体旅行であり、すでに明治の中頃からみられた「廻遊列車（日光などの観光地まで往復する見物を目的とした貸切列車）」もまた、地域別・職場別に募集した団体から構成されたものであった。

さらに、一九三〇（昭和五）年に当時の鉄道省のバックアップによって、日本旅行クラブという組織が実施した「月掛旅行」の仕組みは、「講」の昭和版ともいうべきものであって、わが国の旅行はその歴史において常に団体旅行の形と密接にかかわってきたのである。

マスツーリズムの時代と称される現代においては、旅行は参詣のためだけではなく、また教養を高めるためだけのものではなく、精神的満足を求めたり、自己実現の手段として、といったさまざまな目的や意義が与えられている。

このような新しい目的や意義をなんら否定するものではなく、また、これらが効果・効用として存在することも認めることができる。しかし多くの場合、それらは〝新しいたて前〟としてのものなのであり、大衆が真に旅行に求めているもの（＝本音）とはズレを示していることが少なくはないのである。

旅行はさまざまなものを人に与える可能性をもっており、慰楽中心であっても保養中心であったとしても、旅行の意義を低めることにならないのである。「現代の観光はもはや物見遊山でなく、人間にとって不可欠の変化を求める行為なのだ云々」といった表現は、楽しみのための旅行の役割を尊重したようにみえて、実は最も素直な人間的なニーズの存在を、たて前として否定するという〝まやかしの言い方〟なのである。

食い気と色気を求めるという本音をもっと素直に出すべきだといっているわけではない。精神的にも自由に旅行しうる状態において、実際と大きくズレているものを、相変わらずたて前としてかかげることの無意味さを指摘するのである。同時にまた、団体を相互にかくれミノとする場合にしか、本音を主張しえないことの後進性を批判するのである。

旅行とくに楽しみのための旅は、もっと自由なものなのであり、各人は現代社会において許容されるような形で本音をもっと主張すべきなのである。

師走　「価値観」

◆「幸福人」ゲーム

現在最も人気を集めている「室内ゲーム」といえば、テレビの空チャンネルを利用して各種の試合などが楽しめる「テレビゲーム」であるが、競技盤・カード類とサイコロなどを用いる各種のゲームも根強い人気があるようである。この種のゲームの最も古くからある形は「双六」であり、さらには、サイコロそのものだけを用いるものであるが、時代とともにそこにさまざまな複雑さが加わり、競技者の興味を増すような新たな形式が作り出されてきたのである。

とくに、近年加わってきた条件の特徴のひとつは、偶然の要素だけではなく状況判断、そして意思決定といった知的能力を要求していることであり、社会生活の複雑さを反映させるような結果となっている。このような性格の室内ゲームから、逆に遊び的な要素を除いてしまったのが「ビジネスゲーム」と称されており、ビジネス活動の〝机上演習〟に相当するものであって、情報収集や意思決定に関するさまざまな事柄を現実に近い状況で習得させようとするものとなっている。

数人で気楽に行なうことができる室内ゲームであって、そこにビジネスゲーム的な内容があるものの原型が、アメリカで作られた「バンカーゲーム」である。このゲームは、日本版がすでに一〇年あまり前から販売されており、これに類似したゲーム（「ミリオネアゲーム」など）も、かなりの種類にのぼると思われる。

この「バンカーゲーム」はかなりよく知られているので、読者の中にも実際に試みた経験がある方もかなりおられると思うが、中身を簡単にいえば〝金儲けの競争〟である。競技者は、バンカー（銀行家）から一定の資金をもらい、土地・電気・ガス会社・鉄道などを購入していくのであり、うまく投資をした人が「金持」（＝ゲームの勝利者）になるという仕組である。

もちろん、サイコロも用いられており、どこを購入できるかという機会の選択そのものは偶然が支配しているのであるが、金（ドル）を沢山得たものが勝利者であるという点が、きわめてアメリカ的である。

ゲームとくに新しく開発されたゲームは、広い意味でのある時代の社会的産物であり、それを用いて遊ぶ人びとの興味・関心そして価値観といったものがなんらかの形で反映していなければ、人気を集めることが困難なのであろう。バンカーゲームがアメリカで大ヒットし、わが国でもかなりの人気を集めたということの背景には、「経済的価値」を最上位とする現代社会の性格が関係していると解するのはやや論理の飛躍であろうか。

バンカーゲームのバリエーションのひとつに「タイムレース」というゲームがある。これは、アメリカのテレビ番組ですっかり御馴染みとなった「タイムマシン」に関したもので、過去から未来をぐるっとまわって一番早く現代に戻ったものが勝ちというゲームである。面白いのは、タイムマシンを動かすためには「費用（金）」が必要であり、その金は現代で入手（サイコロの運によってであるが）しなければならないという点である。このゲームでは、金を沢山集めることそのものが目的ではないものの、金は成功を得るための不可欠な条件となっているのであって。〝当世風考え方〟がそこにはみられるのである。

ところで、ゲームの運営要領などの点ではバンカーゲームの類型とされるものではあるが、勝利の条件となっているものがきわめて異質なゲームが台湾で作成されていることを発見した。

このゲームは名称を「幸福人」といい、数年前に調査の関係で台湾を訪れた折に、台北市内のデパートで見つけて購入したもので、ルール等を判読すると次のようになっている。

まずこのゲームでは、人間は一生幸福を追い求めるものであるとしたうえで、幸福とは「名誉」「快楽」「財富」の三つのものから成り立っているとする。そして、この三つのトータルが一定の値になれば、幸福なのであるとし。三つのものの組合わせ方にはいくつものバラエティがあり、ゲーム開始に先立って競技参加者自身が、〝求める幸福〟の構成内容を決定しておくことが求められている。つまり、「財富」の割合を多くするかわりに「名誉」の分を少なくしてもよいが、三つのものは最低限は必ず組み合わさっていなければならないのである。

さて、ゲームは各人が設定した幸福の条件を獲得する競争となるが、「名誉」等を得るための社会的活動としては、企業経営者、政治家から映画スター（中国語では電影明星）までの七種類があり、それぞれの活動によって「名誉」等を得るチャンスが異なっている。「財富」を得るチャンスが最も多いのは企業経営者であり、政治家は「名誉」の、これに対して船員には「快楽」のチャンスが多くなっている。このチャンスは同時にそれを失う危険があることも含んでいる。

そしてさらに、これらの活動をする前提として、大学教育の選択があり、それぞれの活動をするのに適した学問を履修しておくことが必要となっている。

このゲームの勝者は、「財富」を多く貯めた人でも、「名誉」を多く得た人でもなく、各人が最初に設定した幸福の条件に最も早く到達した人なのである。

◆価値観の本質的多様性

近年、「価値観が変わった」「価値観が多様化した」とか盛んにいわれているが、これは何を意味しているのだろうか。というよりも、このような用法は適当なのかという問題を考えてみることが必要であるように思われる。

「価値観」とは「行為者にとって可能な、行為のさまざまなやり方、手段・目的の中から選択するにあたって影響を与える個人あるいは集団が抱いている〝望ましさ〟の観念である（アメリカの文化人類学者クラックホーンによる説明）」とされるように、行為主体の意識構造のうちにあって、一定の対象群に向けられた関心・態度・願望であると考えられている。つまり人間が行動をする場合に、どのようなものを〝よいもの〟〝好ましいもの〟と考えるかの問題であって、行動に影響を与える〝判断の基準〟を意味した概念である。

価値観はいうまでもなく行動そのものを意味するものではないから、行動の多様化と価値観の多様化とは直接に結びつくものではなく、逆に価値観の変化が行動の直接的な変容を意味するものでもない。さらに、行動面に現れてくる〝好み〟も、価値観とはやや次元の異なるものと考えることができる。

人間がどのような価値を重視するかについては、幾人かの哲学者や心理学者がさまざまな類型化を試みている。その代表例として、ドイツのシュプランガーは、理論型・経済型・審美型・宗教型・権力型・社会型（愛情型）」に六分類している。これらはもとより典型であり、審美的なものだけを重視する価値観をもっているひとはごく稀であって。多くの人は混合型であるといってよい。ただし、何に対する価値を上位とするかについてのタイプ分けという点では、それなりの意味をもつものであり、その意味では、シュプランガーによる類型はひとつの人格類型ともなっているのである。

人間は顔・形がそれぞれ異なるように、どのような価値を重視するかも一様ではないのであって、その意味では、そもそもが価値観は多様なものなのである。宗教・社会階層・職業・世代によって価値観が違うことは以前から指摘されているところである。

現在多く用いられている価値観の多様化とは、社会・経済的条件の変化によって、各人が自分の好みによって異なる行動をとりうるようになったという現象的な行動の多様化を称していることが多いのであって、また、各人がそれぞれの価値観を主張しうるというのは、個々人の価値観の問題であるよりも、後でふれる社会的なレベルの〝価値体系〟の問題なのである。

父親は米食を好み、息子はパン食を、そして娘は菜食を好む、ということを、価値観の多様化と説明するのがナンセンスであることはいうまでもないが、これに似た用例は少なくないのである。

人間の〝好ましさ〟への評価は一様ではないため、異なる価値の相互比較を可能とするような、〝なんらかの尺度〟を設定することが必要とされてきた。近代以降の社会における共通な尺度は、明らかに「金銭」であり、経済的価値が最も普遍性をもつものと考えられてきた。現代では〝美〟も〝精神的苦痛〟も経済的価値に置き換えて表現されているのであの、バンカーゲームはこのような経済的価値の一次元尺度で競争するものなのである。

しかしながら、人間にとっての〝好ましさ〟がそれだけではありえないことも事実であり、実際には、さまざまな組合せによる多元的価値を追求しているのであって、これをゲームに取り入れたのが前に紹介した「幸福人ゲーム」である。その意味からいうと、このゲームは、あまりにもまともすぎて面白くないということになるのかもしれない。

〝価値混迷〟の時代

近年における価値観の変化として、最も代表的なのが「消費は美徳から節約は美徳論」への転換である。

一九七三（昭和四十八）年秋のいわゆるエネルギー危機およびそれに伴う狂乱物価は、社会全般とくに消費生活に強いインパクトを与えた。それは、「一九五五（昭和三十）年以来のわが国の消費生活を支えてきた社会的価値意識であった〝消費は美徳〟を再び〝節約は美徳〟へと改めさせるほどの影響力をもつものであった」と称されたのである。

「消費は美徳」という言葉は、禁欲主義的な勤倹貯蓄思想から、消費することはよいことであり、生活を楽しむことはよいことであるといった考え方への倫理観の転向を意味するものとして用いられた。しかし、この説明は、以前の価値観を禁欲主義的なものと、明確な論拠なしに断定した点で大きな誤りがある。

勤倹貯蓄思想が戦前までの国民生活を支配してきた国家イデオロギーであったことは事実であるが、国民大衆がそれを各人の生活における価値観としていたから消費が活発化しなかったのではなく、消費を活発化させるだけの社会的環境が存在しなかったというのがより直接の理由なのである。

戦後になって、国民を統制・支配していた国家イデオロギーが崩壊した結果として、国民大衆はタテ前の論理の制約から自由になったのであって、消費を美徳とする考えが新しくできたとするのは正しくないのである。「消費は美徳論」が特定の時代的背景の影響を受けたものであることは事実であり、新製品の活発な売込みを正当化するための〝新しい産業社会イデオロギー〟として用いられた傾向があったように、「節約は美徳論」もまた、社会環境の急激な変化の影響を受けた現象を説明しようとした言葉なのであって、そこにより基本的な〝望ましさの基準〟の変化があったとする論拠はないといってもよい。

近年、価値観の変化がみられるとすれば、それは努力することの意味に関してである。努力する目標には二つの価値が考えられ、一つは自分自身のためであり（業績価値）、もうひとつは彼が所属する集団のためである（貢献価値）と考えられる。わが国においては、家・組織・地域社会といったものへの貢献価値を最重視する歴史があり、個々人には積極性が強くなくても、相互に影響し合う結果として、全体としては貢献価値志向が強められていたのである。これに対し最近では、貢献すべき集団との関係が希薄となってきたことによって、自分自身のための業績価値がそのまま考えられるようになってきており、組織の仕組み変化以上に、精神的にも〝都市化〟してしまう社会構造の変化が大きく影響を与えていると考えられる。

この問題とも関係するが、価値観を論じる場合に理解しておく必要があるのが「価値体系」の概念である。

社会において複数の人びとがさまざまな行動をとりながらも、全体として調和を保って一定の目標に達するためには、行動を規制するなんらかの〝制裁原理〟が必要となる。ここでの制裁とは、なんらかの社会的期待の存在を認識し、自己の行動を規範的に規制する側面であり、この側面を価値体系と呼び、これが各人の人格の一部となって行動をコントロールする動きをするとき、価値体系の内面化と称するのである。

わが国の場合、戦前型の国家的イデオロギーが崩壊して以来、この価値体系（タテ前として社会にとって好ましいものと好ましくないものとをチェックする機能）が極端に弱体化してしまったのであり、本音の論理と各人各様の価値観とが表面化していると考えられるのである。

現代は、それぞれが好みを主張できる時代なのであり、価値観に関していえば、各人が各様に、〝自分なりの幸福人〟を探しているのであって、変化や多様化というよりも〝価値混迷〟の時代なのである。

II 新・世相管見

ルールとマナー

サービスにおける最も重要なルールであり、かつ国際的なマナーとして求めれていることは、〝サービス行為に対して反応すること〟である。それは、人間を介してなんらかのサービス提供がなされた場合には、人間行為そのものに対して〝あることの確認〟あるいは〝あることへの評価〟を利用者側が行うということである。このような反応は、きわめて当然のことなのであるにもかかわらず、実際には、確実に守られている社会は限られている。とくに近年のわが国においては、このルールは軽視され続けているといってもよいが、実はこのルールを再徹底することこそが、サービスにおける最も基本的な、社会的にサービス向上を図るうえでの、最大の課題なのである

流通サービスにおいて物品を購入し、品物を受けとる時に利用者側が用いることの多い「ありがとう」「どうも」などの言葉は、感謝の意味であるよりも係員が購入した品物を包装するなどして自分に渡してくれたことの確認を示していると考えるのが妥当である。用いられる言葉そして意味は、利用したサービスの種類、利用者と提供者との人間的対応の長さと密度などによって異なっており、宿泊・飲食等のポスピタリティビジネスの最終段階においては全体評価を包含した表現となりやすい。

これに対して、機能性のウェートが高いサービス利用においては、自分に対する人間（相手側）の行為の確認としての意味が強くなり、さらに公共交通機関の利用時のように、不特定多数が相互にごく短時間しかかかわらない駅係員と利用者との関係場面では、確認の反応をしないことが一般的である。

このように、ほとんどの利用者が〝自分に対するサービス行為〟に対して、なんらかの反応をする場合がある一方、国際的にみても大多数が反応しない場面があることは事実であるが、問題はこれらの中間領域に関してであり、社会・文化的条件が大きくかかわっている。ファーストフード店でハンバーガーを購入してトレーや品物を受けとった時、スーパーのレジで品物を受けとった時、レストラン・食堂等で自分の注文した飲食物がテーブルに運ばれた時、タクシーの乗降時、また、航空機への搭乗降の際などがその代表例である。これらの場面はいずれも、その程度はかなり異なるが、人間が直接かかわっているものであり、そこには短時間であったとしても〝自分に対する人間の行為〟が示されているのである。

基本的に、人間的行為に対しては〝確認の反応〟をすることが必要なのであり、利用者側からの〝確認〟によって、提供者側のサービス行為が〝あること〟そのものが明らかにされるのである。上記した中間領域において〝確認の反応〟の対象となっているのは、提供されたサービスに組み合わされている限定された情緒的サービスに対する評価そのものではなく、機能的サービス提供の担い手の行為そのものである。それは基本的には〝あり・なし〟の問題であるが、行為がなされた場合には簡単な言葉あるいは動作によって〝あったこと〟を相手（提供者）に伝えることが人間相互のルールであり、マナーであると解すべきである。

このような〝確認の反応〟は、基本的には生活慣習問題ではあるが、国際化時代におけるマナー問題としての性格を強めているのである。

（二〇〇一年五月稿）

よい利用者をつくる

タクシーに対する一般利用者の評価が、運転手側の運転の仕方および乗客への対応の適否についてなされていることは確かであるが、具体的な評価場面には、それ以外のさまざまな条件が影響を与えている。

タクシーは、交通サービスの中でも、利用するか否かの選択随意性が高く、さらに利用に際しては限られた空間の中での個々人への応対を伴っている。このように公共性の高いサービスであると同時に、個人的利用を特徴とするタクシーにおいては、誰が・何時・何処から何処へ・距離（利用時間の長さ・金額）・利用目的などの利用条件によって、利用者から期待されるサービスの内容も同様ではない。

タクシー・サービスに関して、筆者が多年行っている研究結果によると、利用者個々人によるサービス評価と密接な関係にあるのは、「タクシー乗車時」「運転の仕方」および「降車時」という三つの時点における運転手の行為であることが認められている。

まず「乗車時」は、タクシー・サービスの利用（＝購入）を決定したことを意味しており、一般には乗客と運転手が〝偶然に出会った場面〟である。ここでの運転手の乗客への応対は、目的地までの車両の安全・確実な運行の前段階を成すものであり、運転手の服装等外見に対する印象形成はこの段階でなされやすい。

次の「運転の仕方」は、利用したタクシー・サービスの〝中身〟に相当しており、その一部である〝スタートの仕方〟は、利用者にとって最初の、そしてかなりのウェートをもつ利用客対応の良否を感じさせる行動である。

そして最後の「降車時」は、対価を支払う段階であり、利用したサービスの価値を認識する場面でもある。降車時は旅客運送という働きのサービス提供の最終段階であるとともに、消費者がサービスを購入し代金を支払うという場面でもあり、提供者側の応対の仕方に対する関心が一般に強まる場面でもある。

このような三つの時点の応対が重要であることについては、タクシー会社側の認識も近年は高くなっており、関係協会が作成しているアンケート調査の項目にも反映されている。

しかし、タクシーに対する一般利用者評価には、もうひとつ別な条件が関係していることを忘れてはならない。それは、個人的利用を特徴とするものであるため、行先指示の方法、会話内容、降車地点指示の仕方および料金の支払方法など、乗客側の〝利用の仕方の適否〟によって運転手の応対がかなり影響されるという事実である。

「タクシー乗車時」に関して、〝行先指示〟は重要な利用の条件であり、明瞭かつ丁寧に伝えたか否かによって、運転手側の応答ならびに復唱の有無は大きく影響される。「降車時」においても、〝停車場所の指示〟が早めに明確になされたか、乗車料金額に適した紙幣を用意したかなどによって、運転手の応対は微妙に異なったものとなってくる。

よいサービスを実践するために、提供者側が改善・向上を図るのは当然であるが、利用者側が相応の役割を果たし協力することによって、よいサービスが成立することを再認識する必要があり、タクシー業界においてはとくに重要である。よいタクシー利用者をつくりだすことに対して、関係者はより多くの関心を向ける必要がある。

（二〇〇一年八月稿）

『米百俵』に続くもの

著名人が発言の中で紹介した人物や逸話が、地域社会活性化に多大な影響を与えることがあり、最近の代表的な例が、小泉首相が演説の中で「米百俵」の故事を取り上げたことである。

小泉首相は登場以来、歴代首相にはみられなかった歯切れのよい発言と改革に対する意欲が伝わってくるようなパフォーマンスを通して、就任早々、テレビの前の多くの国民を魅了した。五月七日の初めての所信表明演説はとくに注目を集めたが、その中で小泉首相が構造改革の象徴として紹介したのが新潟県長岡市の「米百俵」であり、この故事と主人公である小林虎三郎に対する興味と関心がこの時から急激に高まった。

「米百俵」とは、戊辰戦争において幕府側で参戦し敗北した長岡藩に、その窮状を知った支藩から届けられた百俵の米をめぐる話である。分配を迫る藩士達に対して、「今食べてしまったのでは後に残るものはない、長岡の明日を考えるべきだ」と説得した人物こそが長岡藩大参事であった小林虎三郎である。そして、米を売却した資金を元に設立したのが「国漢学校」で、後に多くの著名人を輩出した長岡中学となり、現在の長岡高校である。この「米百俵」の話は、『路傍の石』などの作品で知られる山本有三が戦前末期に同名の戯曲を発表し、舞台が人気を呼んだこともあって、かってはよく知られていたといってもよい。地元長岡には、かなり古くから地元銘菓として米俵形の落雁である「米百俵」が製造販売されており、由来を解説した説明書も添付されている。

約一カ月後の新聞報道によると、演説直後から長岡市には「故事について知りたい」という問い合わせが殺到し、市が以前まとめた『米百俵・小林虎三郎の思想』と題する本に全国各地から注文が寄せられ、急遽大増刷したという。

一国を代表する立場にある人が公式発言の中で特定の人物をあげ、その優れた業績を称えたことは過去にもあったが、それはいずれも外国人によるものであった。アメリカ第三五代大統領ケネディが、尊敬する日本人として米沢第十代藩主上杉鷹山の名をあげたことは記憶に新しい。近年、財政再建の実践者として高い評価を得ており、米沢市は今年秋にイベントとして「YOZANフェスティバル」を開催するなど、米沢振興のシンボルとしての役割を担っているが、英明君主上杉鷹山を日本人に再認識させる大きなきっかけをつくったのはケネディ発言であったといってもよい。

国賓の発言が町の活性化を決定づけた例もある。約一〇年前に来日した韓国大統領盧泰愚は宮廷晩餐会のスピーチの中で、江戸中期に活躍した雨森芳州の名をあげ、誠信外交を貫いた功績を高く評価した。雨森芳州は、江戸期に日本を訪問した「(李朝) 朝鮮通信使」の日本側通訳として、十八世紀前半に活躍した人物である。彼は儒学を学んだ後、朝鮮に対する外交の窓口であった対馬を舞台に外交官として活躍した当時最高の国際的知識人であった。彼の墓は赴任地の対馬にあるが、出身地である滋賀県高月町には、彼の著作や遺品を集めた芳州書院が彼の遺徳を偲ぶ地元の人々の努力によって維持されてきた。しかし、彼の存在を知るものはごく限られていた。

盧泰愚スピーチを契機として、雨森芳州そして高月町は一躍多くの人々の注目を集めることになる。見学者が日本各地から訪れるようになり、韓国からの訪問者も急増した。高月町はこれらを背景に、〝国際交流の町づくり〟に取組み、芳州書院近くの道を「芳州国際通り」と名づけて、町のシンボルとしたのである。

歴史上の人物やその言動の紹介は、思いがけないほどの効果を及ぼす場合がある。一国の総理のような立場にある者ではなくても、それぞれの役割に応じて、過去の優れた事跡を次代の人々に伝えることを心がけるべきである。それはまさに温故知新の実践そのものなのである。

(二〇〇一年七月稿)

III サービスを解く

〃くいちがいの時代〃におけるサービス向上

◆はじめに

〃くいちがい〃とは、「意見や考えかたが合致しないためにお互い了解できないこと」や「物事や時間などがうまく合わずに行き違うこと」を意味するものとして広く用いられている言葉である。このような不一致やズレは、さまざまな人間が共同して生活している社会においては、程度の差こそあれ、ごく一般的なことであるといってもよいのであり、とくに、男女関係をはじめとする人間個々のかかわりにおける〃くいちがい〃とその解決のしかたは、微妙な〃あやどり〃をなしてきたといってもよい。

しかしながら、〃くいちがい〃が個人的関係にとどまらず、社会全般にも拡大し、さまざまな軋轢やトラブルを生じさせ、ひいては社会の活力と効率までに悪影響を与えつつあるとすれば、それはもはや社会問題であり、その原因究明と改善策を講じることが必要となってくる。

昨今の一連の社会問題に共通するのは、当事者・関係者そして国民一般の間にさまざまな形での〃くいちがい〃がみられることであり、それらが原因となって衝突と不信が高まっている。まさに、現代は〝くいちがいの時代〟であると称されるのである。

前大会（注：一九九五年開催の第一一回サービス向上推進全国大会）の基調講演において、「〝もうひとつの〟サービス向上」と題して、①サービスの〝あり・なし〟の見直し、②資源・環境問題への対応、③人間的対応の充実、という三点を今後のサービス向上の重点課題とすべきことを指摘したが、これらに対する取り組みを進めるにあたっても、さまざまな〝くいちがい〟がみられるのであって、問題点が不明瞭なものとなりつつある傾向がある。

そして、社会全体を覆っている「総論と各論のズレの拡大」ならびに「期待されることと実際に行われていることのギャップの増大」などによって、〝くいちがい〟はさらに大きなものとなっている。

本稿は、〝くいちがい〟の意味と様相を概観したうえで、くいちがいを発生・増大させている大きな理由ともなっている、コミュニケーション・ギャップを中心として考察することを通して、くいちがいを打破してサービス向上に取り組むための基本的課題を指摘するものである。

一　〝くいちがい〟の意味と様相

◆〝見誤り〟と〝くいちがい〟の関係

〝くいちがい〟とは、前述したように人間が行う物事などが相互に行き違ってしまったり、合致しないことであり、その原因には、ある時点における対象理解に誤りがあったこと、〝見誤り〟すなわち〝認識の失敗〟がある場合が多い。

サービスの提供を含めて対市場活動においては、対象市場・構造変化・変化速度等に関する〝見誤り〟が生じうる。誤った前提にたって活動を継続すれば、当初に予定した成果がえられないことは明らかであり、結果として対象市場あるいは利用者との間に〝くいちがい〟ができることになる。しかし一般的にいって、対象市場の動向等に関する予想には、ある程度の〝見誤り〟は当然のこととして付随しており、とくに変化の激しい時代においては増大しやすい。そして、見誤りが直ちに、くいちがいに結びつくわけではない。それは、見誤りがあったことを認識して予想を修正し、より適当な対応策をとることも可能だからである。その意味では、見誤りが生じやすい時代における組織は、当初の予想を修正することに対してどれだけの〝許容範囲〟をもっているか、是正を図るための柔軟度をどの位もっているかが重要な意味をもっている。

〝くいちがい〟が生じた理由には、事柄に対する認識そのものに見誤りがあった場合も当然あるが、それがすべて〝くいちがい〟に結びつくわけではない。問題は、対象や状況に対する認識そのものは誤りではなかったとしても、具体的活動の方法や手順が不適切であったため、結果的に、対象から支持されなかったり反発されたりすることである。これが〝認識の失敗〟と対比される〝方法の失敗〟あるいは〝手順の失敗〟であり、〝くいちがい〟の生じる最大の原因である。

忘れてならないのは、さまざまな財の製造者および公共的性格をもつものを含めたサービス提供者からの〝不適切な提案〟に対しても、消費者の反応は生じうるという点である。それは、消費者は提案されたものの中から選択するという受動的な性格を基本的にもっているからにほかならないが、ある時点では反応したとしても、望んでいないものであるならば継続的には反応しないことになる。しかし、提供者側が〝不適切な提案〟に対して生じた一時的反応を〝成功〟と読み違えてしまうことによって、誤った成功に基づいて、再び〝不適切な提案〟が模索されやすいのである。まさに〝くいちがい〟そのものであり、このような悪しき循環によって、提供者と利用者との信頼関係は次第に稀薄なものとなり、提供一般に対する反応が弱まってしまうのである。

(2) 〝くいちがい〟の根底にあるのは〝立場による問題理解の違い〟

心理学用語としての「くいちがい（discrepancy）」とは、要求水準に関する「予想」と「実際（実績）」との不一致を意味している。人間は過去の実績を中心に、周囲の人々の影響も加えて、次ぎなる行動の目標（主観的予想）をたてるが、常に目標と実績は一致するとはいえず、プラス・マイナスの不一致が生じるのであり、これが「達成差」と称されるものである。一般にマイナスの不一致は失望を感じさせ、一時的にせよ意欲全体を減退させることにつながりやすい。また、過去の実績からみて、次にはこの程度を目標とするだろうと外からは予想されているとしても、当人はむしろ目標を下げたり、他の方向へと転換してしまう場合もありうるのであり、過去の実績と次の目標との間に生じるズレは「目標差」と呼ばれている。

これらはともに、時間的連続性をもつ人間行動にみられる予想と実際との〝くいちがい〟であるが、このようなメカニズムを理解せずに、行動パターンを単純化してとらえてしまうことによって(＝行動予測の見誤り)、市場への対応を誤り、〝くいちがい〟を生じさせている例は枚挙にいとまないのであり、サービス事業にもこの傾向が強い。

このような〝くいちがい〟が生じる背景には、売り手(提供者側)の論理だけを優先させて、買い手(利用者側)がどのように変化するかについての理解が欠落していることがある。

サービスに関して、提供者側の論理が最も優先されやすいのは、他を自由に選択することが困難な公共性の高いサービスであり、提供している〝サービスの性格〟の理解のしかたに、提供者側と利用者側との間には〝ギャップ〟が生じやすい。

交通関係事業をはじめとする民間型公益事業が、全体的にみれば公共性の高いサービスを提供していることは疑いのないところであり、この点については社会的にも理解されている。しかし、その本体となっているのが〝選択の余地のない(少ない)〟機能的サービス(＝働きのサービス)なのであり、その改善や高度化は、提供された当初においては評価されるとしても、やがては〝あるのは当然〟〝この位は当り前〟と受け止められやすく、そして、不満があったとしても他を選択できないという〝条件〟をもっているのである。

そしてさらに、民間型公益事業の場合、事業を構成している一連の活動の中には、物品販売をはじめとする純民間型の活動もかなり含まれており、それらの個々の活動は公共サービスではない。例えば、駅の構内や空港施設内にある飲食施設や売店であり、また、高速道路の休憩施設（サービスエリア）内の飲食店等もそれに該当している。それらはともに純民間型活動であるが、サービス提供の仕組みとの関係から他を自由に選択することはできないために、不満が生じた場合には、全体としてのサービス体制に対する不満や批判に結びつきやすいのである。「JRは……」「高速道路は……」などといった言いかたがなされてしまうのはこの理由による。

純然たる公益事業の場合にも同様なことがいえる。役所が証明書や書類を作成すること自体は、他では提供・利用することのできない機能的サービスであるが、それにかかわる係員の応対部分は、民間の活動と対比しうるものである。提供側は応対部分までを含めて行政サービスとしているとしても、利用者側は〝はたらきの部分〟と〝やりかたの部分〟とを分けて認知することができるのであって、〝やりかたの部分〟がよくないと感じる時には、全体としての〝お役所仕事〟に対して低い評価を与えることになる。

公共性の高いサービスにおいても、本質的に代替性がない（乏しい）と考えられている部分と、代替性がある（高いはず）と感じられている部分とがあり、この構造についての理解が提供する側と利用する側とでは異なっている。つまり、提供する側は〝はたらきの部分〟と〝やりかたの部分〟とを一体として考える傾向があるのに対して、利用者側は、〝はたらきの部分〟と〝やりかたの部分〟とを分けて認知しやすいのであり、とくに、利用経験の浅い人、年齢的に若い人の場合には、その傾向が強い。それはまた、「はたらきの部分は高い水準で安定的にあるもの」といった安心感が背景にあることを示している。

(3)　〝くいちがい〟と「ブーメラン効果」

公共サービスだけではなくサービス事業一般は、提供者側と利用者側との間にある認識のズレを少しずつ埋めることに努力する必要があり、そのための活動を伴わないサービス向上活動は、結果として利用者との間の〝くいちがい〟を増大させることにもなりかねない。

ある一定の方向に考えかたを変更させることを意図して行われる説得的コミュニケーションに関して、説得しようとして相手側にコミュニケーション活動を活発に行ったことが原因となって、説得者の意図とは反対の方向へと変わってしまうという現象がある。この現象は、オーストラリア先住民が使用する、投げた者の手元に戻ってくる武器の名に因んで「ブーメラン（boomerang）効果」と称されている。

これは、説得する側がさまざまな情報を提供したことによって、それまでは十分に考えたりする機会がなかったものに対して、新しい認識が生じることや、それまで継続してきたことを変更することに対する心理的抵抗が強まること、などが理由として考えられている。

サービス向上に関していえば、サービス向上に対する明確な方針や計画なしに、ただ単に利用者の意見や不満を聴取するといった活動によって、「ブーメラン効果」が生じやすいのであり、さらに〝くいちがい〟の原因となりうることを認識する必要がある。

(4) 説明方法・手順における〝くいちがい〟

問題理解には見誤りがなく、さらに対応の基本的方向に誤りがなかったとしても、提供者と利用者の両者関係には〝くいちがい〟が生じうることが多い。その最大の理由は、説明の手順を含む当事者間のコミュニケーションの適否にある。実際にも、日常的に直接会話をかわす人々の間における〝くいちがい〟そして争いの多くは、ごく些細な〝ことばのくいちがい〟から生じているといっても過言ではない。

「何を」「どう言ったか」といったことによって、親しい関係にある人達においても、一時的にせよ険悪な状態をつくるのはコミュニケーションの適否である。多くの場合には、冷却期間をおく、(どちらかが) 謝る、笑ってごまかす、別な話題にそらすなどによって解消が図られ、〝くいちがい〟は埋められることになる。しかし、これらの修復措置が可能なのは、基本的に〝直接的コミュニケーション〟が成立している関係の場合であり、〝遠い関係〟にある人びとにおいては修復にはかなりの時間と手間が必要となってくる。

基本的に、相手側に説明する場合には、よりわかりやすいことばを用いることが必要不可欠である。まして、対人サービスにおいて一般利用客に対応する場合には、わかりやすく・親しみのある応対ならびに説明が必要となる。

情報化の進展が進んでいるが、情報機器が用いているのは「ことば」ではなく、その操作を理解している人びとが一定の約束に基づいて使っている「コード（Code）」なのである。さらに、「コード」を使いなれてしまうことによって、広く一般の人たちにも通用するような錯覚が生じやすいことに改めて注意する必要がある。

窓口業務や問い合わせに対する応対においては、「ことば」として受け止め、その処理を〝コード化して〟、その結果を再び「ことば」として利用客に回答するということを、今まで以上に重視する必要がある。〝くいちがい〟の発生を現場でくいとめることを、サービス向上活動の重点としなければならないのであり、そのための基礎理論について以下に述べることとしたい。

二 〝くいちがい〟とコミュニケーション・ギャップ

◆〝同質社会〟〝異質社会〟における「ことば」の役割

〝日本型コミュニケーション〟の大きな特徴として、「話さなくてもわかる」という考えかたがある。そしてその一方には、「話してもわからない」という考えかたが根強く存在している。西欧人との対比において、日本人は一般に〝口下手〟であると評されることが多いが、「わが国に論理学が発達しなかったことは日本文化を理解するうえでの重要なポイントである」というある学者の指摘は興味深い。それは、対話の相手や不特定多数の人びとを含めて、他者に自分の考えを理解してもらったり、共感してもらったり納得させたりするために、特別の技術を必要とはしなかったことを意味しているからなのである。

単一民族・同一言語を基本としている日本は、島国という条件も加わって、構成員はさまざまな点において類似性が高い。全国的に似通った生活様式や共通性の高い文化は、思考様式や表現形式の類似性を高める働きを促してきた。また、わが国においては、生活に対する宗教の影響の度合いが諸外国に比較して小さいことも大きな特徴となっている。

あくまでも程度問題ではあるが、共通性の高い生活をしている人びとの間では、状況が理解できれば、他者が考えること（考えると思われること）はかなり予想することが可能である。このことは、多くの日本人が経験的に知っていることであるといってもよい。実はここに、おおよそのことであるならば、「（いちいち）話してくれなくてもわかる」とする考えかたが生まれてくる大きな土台がある。

問題となるのは、日常的な表面部分にせよ、非言語的方法によって相互に意思疎通を図り、理解し合うことが可能な〝同質性の高い社会〟においては、一般に他者を理解し、他者の理解を求めようとする場合においても、言語的方法を軽視しがちであるという傾向である。つまり、相互理解の手段を言語に頼っていないことが、「内面的あるいは本質的な物事の理解は言語によってなしえない」という極端な考えかたにつながってくるのである。そこでは、本質的な理解は〝閉じられたコミュニケーション〟である「了解」の形をとってなされるものと考え、人間相互の最も優れたコミュニケーションは「以心伝心」とされることになる。

これに対して西欧社会とくにアメリカ型社会においては、他者を理解するためには言語を中心とした〝開かれたコミュニケーション〟が必要不可欠であり、「話さなければわからない」という考え方に基づいている。そのために、自分の意見を明確に表現すること、他者の意見との相違点を発見することなどは学校教育の重要な課題とされており、このことは、「話せばわかる」という考えに必然的に結びつき、〝発言しない者は意見のない者〟とみる環境がつくられることになる。

日本を〝同質性の高い社会〟とした場合、西欧社会とくにアメリカは典型的な〝異質性の高い社会〟なのであり、それぞれ異なる歴史的・文化的背景をもった人びとの集合体として社会を認識しているのである。

他者を自分（達）とは異なる存在としてとらえることを基本的考えかたとする社会においては、言語は両者が理解し合うための不可欠な道具であり、さらにそれらをより有効に用いるための技術としての修辞学や雄弁術を身につけることが必要とされたのである。他民族・他言語から構成されているヨーロッパ社会では、言語によるコミュニケーションの制約を考え、共通した絵文字（ピクトグラフ）の設定に早くから取り組み、非言語的コミュニケーション手段の充実にも努めている。さらに、「エスペラント」をはじめ〝国際共通語〟を考案せんとする努力は、まさに〝異質性の高い社会〟ならではのことなのである。

このように〝異質性の高い社会〟においては、人間社会を形成する手段としてコミュニケーションの重要性は古くから理解されていたのである。よく知らない人々による協力のしかた、協同作業をまとめる活動であるリーダーシップ、さらにその前提にある相互理解の活動であるコミュニケーション、これに対する研究が日本では発達しなかったのは決して偶然ではないのであって、〝ことばを用いた開かれたコミュニケーション〟が重視されなかったことが関係している。

(2) 相互理解を図る〝場〟と〝方法〟の違い

〝同質性の高い社会〟〝異質性の高い社会〟それぞれにおけるコミュニケーションの違いは、飲食の場の利用のしかたにおいてもみられる。

西欧型社会におけるコミュニケーションの場の代表としてあげられるのが「カクテルパーティー」であり、友人や隣人を招き合うホームパーテイーもこの中に含まれる。主催したり・参加したりする彼・彼女らにとって、パーティーはコミュニケーションのための場としてきわめて大きな意味をもっており、供される飲食物のウェイトはごく低いのが普通ある。それは知らない人びとと知り合うための重要な機会であり、組織や地域社会への〝新参者〟が紹介され、その存在をアッピールするための場ともなっている。そしてパーティーでは、話題の豊富な人や軽妙なジョークのうまい人などは、〝社交性のある人〟としての評価を受けることとなる。

第二次大戦後になって日本に導入された〝パーティー形式〟そのものは、すっかり定着した感があるが、やりかたと活用のしかたはかなり違っている。日本人は一般に、語り合いが主で飲食物は従であるような西欧社会型パーティーが苦手であり、少数の既知の人びとや仲間とだけ話し合っていたり、さもなくば会場の片隅で黙々と飲み・食することに終始していたりする者が多く、さまざまな人びととのコミュニケーションの場として活用している人はごく限られている。パーティーだけではなく宴会などにおいても、関係者が一堂に会しているとしても会話はごく局所的にのみ行われている場合が多く、閉会後に改めて開催されることの多い〝二次会〟において親しい人達との語らいがなされているのが普通である。

このように、〝よく知らない人〟と知り合うことを目的としているパーティー型とは違って、飲食に関する伝統的日本型コミュニケーションの基本タイプは、〝なべ料理型〟と称することができる。それは、すでにある程度まで親しい間柄にある人達が飲食をともにすることが多く、経験と話題とを共有することを通して、相互理解の増進と情緒的安定を図ることが主たる目的となっているからであり、親しい仲間同士がともにする〝カラオケ〟もまた同様な性格をもっている。

西欧的カクテル・パーティー型が、基本的に〝開かれたコミュニケーション〟を意図したものであるのに対して、日本的なべ料理型は〝閉じられたコミュニケーション〟となりやすいことは事実であるが、それはいずれが優れているかという優劣が問題なのではない。重要なのは、それぞれが成立する背景、そして機能について理解することである。

前述したように、日本社会は西欧社会とは比較できないほどに〝同質性の高い社会〟であり、人間関係は基本的に同質性の度合いによって規定されている面が強い。なんらかの〝共通項〟が自分と他者とを結びつける絆となっている場合が多いことは人間関係一般にみられることであり、とくに、以前に同じ組織・集団等に属していたという〝経験を共にした実績〟は相互に安心感をもたらすものである。

日本社会と西欧社会とくにアメリカ型社会との基本的な違いは、経験の共有あるいは過去におけるなんらかの共通項が、コミュニケーション成立の条件となっているのか、あるいは、まずコミュニケーションを成立させることから始まって共通項を探したり・作り出していくのかという点である。この対比でいえば、日本のような同質性の高い社会における他者理解は、〝初めに共通項ありき〟なのである。

(3)　コミュニケーション・ギャップの基本的要因

日本社会が同質性の高い社会であるということは、それに適合している〝やりかた〟が有効性をもつことを意味している。他者とのコミュニケーション成立の前提が共通項の存在であるならば、相手と共通する事柄（＝類似点）を見つけ出すことは大きな意味をもつ。出身地・出身校から始まり、趣味、共通の知人などを手掛かりとして親しみと信頼を得ようとするアプローチは実際にも多用されており、とくにサービス事業の商談においては友人・知人の紹介は強い影響力をもっている。

このように〝共通項〟を手掛かりとして他者を理解したり信頼することは、社会の変化が少なく、また、社会を構成する人びとが物事の基本にある考えかたを共通して理解しているならば、つまり、意識の同質性が高いならば、それなりに有効なものといえるのである。

しかし、時代の流れの影響によって、日本社会における同質の度合いは大きく変化している。国際レベルにおいて日本全体をとらえると、依然として同質性の高い〝特異な社会〟と認識されることが多いが、国内的にみると急速に異質社会型へと移行しつつある。「客側のニーズに的確に応えていない」「話しが通じない」「考えかたがズレている」などといわれるようになったのはすでにかなり以前からのことであるが、近年では、理解してくれない相手に対する不満だけではなく、かつては通じたことが通じなくなっていることに対する困惑と不安とが混じっていると考えられ、サービス提供場面をはじめとして、さまざまな場面でコミュニケーション・ギャップが生じる原因もこの点にある。

興味深いことは、日本の若者がわずかな年齢差の人びととの間に、より大きなコミュニケーション・ギャップを感じているという事実である。大学三年生は一年生との間には物事に対する考えかたにおいて大きな差異があると感じており、入社後何年も経ていない人が新入社員に強い違和感をもっているのである。これらは、近年の社会状況が目まぐるしいほどに変化していることを反映しており、社会環境によってもたらされる社会の異質化はさらに進むものと予想される。

コミュニケーション・ギャップによって生じるさまざまな問題に直面しているのは、複数の人間にかかわりをもつ職業に従事している人びとであり、組織における管理・監督者は当然その一人である。とくに、複数の社員・従事者との共同作業によってサービス提供を行うためには、情報の伝達は必要不可欠であり、コミュニケーションの確立はその大前提である。生活環境と体験とがそれぞれに異なっていることが明らかなな人びとに対して、かつての成功談や苦労話を、相手に共通して理解されるはずであると決めてしまって一方的に語るとすれば、それはコミュニケーション・チャンネルを自ら閉じてしまうのと同じことである。共通に理解することのできるパイプの設定、それぞれによって異なる有効なチャンネルは何であるか、について注意を払うことがまず必要とされるのである。

異質性が強まってくる社会においては、過去の共通項が、利用者側と提供者側だけではなく、提供者する人びと相互を結びつける力が相対的に弱まってくると考えなければならない。必要なのは、他者と自分とを結びつける〝新しい共通項〟を構築することである。新しい社員との関係づくりにおいて、若者風俗や流行語を知っているか否かなどはコミュニケーション・ギャップのごく表面的な問題である。最新の風俗はやがて次のものに、流行語はまもなくすたれて次のものへと移り変わるのであり、〝社会は変化する〟という認識さえあるならば、その面でのコミュニケーション・ギャップは解消されているといってもよいのである。

(4) コミュニケーションにおける〝共通項〟の役割

前記したように、日本の社会が〝異質型〟へと移行しつつあることは疑う余地のないところであるが、諸外国との比較をはじめとして、社会全体としてみた場合には依然として〝同質型〟であることも事実なのであり、共通項を基盤とするコミュニケーションは現実に有効性が高いと考えられる。重要なことは、それが全てであり、そうすればうまくいった時代ではなくなっていることをはっきりと認識しておくことである。効果的なコミュニケーションの方法として特定のやりかたが存在しているわけではないのであり、同質性を基盤としているとしても異質性が強まってきている現代社会における有効なコミュニケーションの方法は、われわれ自身がそれぞれにつくり出していく必要があるのである。

相手との共通項・類似点を探し、それを手掛かりとする〝伝統的アプローチ〟は、この意味においては、人間を相互に結びつけるうえでの最も基本的な方法であり、その有効性は今後とも継続すると考えられるのである。しかし、共通項・類似点を〝過去〟にのみ求めるとすれば、制約と限界があることも明らかなのである。

多くの日本人は、言語を含めて生活様式が違っている人びとに対し、考えかたが基本的に異なっているのだから相互理解はきわめて困難であると最初から決めてかかりやすい。そして、自分との直接のかかわりが薄いと思われる場面においては〝外国人〟として過度に丁寧に対応するが、身近な・継続的関係をもつことになった場合には〝異国人〟として敬遠したり、過度に冷淡になったりする傾向がみられるのであって、このような態度を改めていくことが〝国際化時代における課題〟とされている。

提供者側と利用者側とのズレは、異文化コンフリクトや世代間コミュニーション・ギャップとも基本的には同様な構造の問題であり、「共通項が少ない」↓「意思疎通が困難」↓「相互理解が図りにくい」という単純化された図式が導かれやすいのである。これらはいずれも、過去の共通項のみに人間理解の手掛かりを求め過ぎることとの結果であると考えられる。そして、過去の共通項を求めることができない人びととの間に、どのようにして〝新しい共通項〟を構築するかを考えることが必要とされるのである。

人間相互を結びつける役割を果たしている共通項は、基本的に二つの種類に区分して扱うのが適当である。

一つは、出身国・地、出身学校、職場等をはじめ友人・知人関係などを含めた共通項である。これらはいずれも、同質性社会の人間関係づくりに大きくかかわってきたものであるが、生得的な条件を含めて〝過去から現在までの共通項〟であり、関係者は相互にそのことを知っているという意味において、「共通項の外的指標」と称することができるものである。

もう一つは、生活信条、考えかた、人生の目標といった、現在から未来に向けての共通項であり、対比的に「共通項の内的指標」と呼ぶことができる。

相互の情緒的安定と安心をもたらすものが前者であることはいうまでもないが、それは基本的に〝閉じられた関係〟において成立しているのであり、見知らぬ人びととの〝開かれた関係〟において相互理解を図り、信頼関係を確立し、有効な協力を可能とするのは後者である。内的指標としての共通項とは、人びとが他者との関係において、コミュニケーションの過程を通して、相互に発見し作り出していくものであり、人間と人間を結ぶ新しいパイプを創造することといってもよい。外交をはじめとして、さまざまな折衝は、両者が〝現在から未来に向けて〟の共通項を設定することによって決着すると解することができる。さまざまな利用客に対して、能動的にサービス提供を行おうとしているサービス関係事業においても同様なのであり、そこでの共通項の設定とは、明確な、そして一貫性のある提案を行っていくことなのである。

共通項設定において留意すべきことは、自分を相手側の立場に、また相手を自分の立場に置き換えて物事をとらえなおしてみることである。それは、発想そのものや表現のしかたまでが、立場によって観点によって大きく異なる場合が多々あることを知ることができるからである。利害関係がある場合にはさらに十分な考慮が求められる。ほとんどの場合において、「利」と「害」とは完全に対立するものではなく、両者を同時に合せ持っているものであり、交渉は当事者双方がそれらの組み合わせを自分側に有利にしようとして行われるのである。妥結に結びつけるための交渉の基本原則は、相手側の主張を頭から否定してしまうのではなく、主張の中にある「利」と「害」の内容と根拠とを冷静に分析することであり、相手側の論理を理解しようとすることからスタートすることである。

〝共通性のある目標〟は、そのことにかかわりをもつ他者にも理解されうるものでなければならないのであり、その設定に向けては、多くの人びとの意見を聴くことを含めて、立場の違いを考慮し、無用の誤解が生じないようにするための配慮が求められる。

情報提供が必要であることはいうまでもないが、〝相手が理解することのできる情報〟であることが重要なのであり、こちら側の論理と用語によった一方的な情報は、理解を求める気持ちのない〝形式的な情報の押しつけ〟と受けとめられ、不信感を抱かせる原因のひとつとなりやすいのであって、まさに〝くいちがい〟を生じさせる条件となっているのである。

むすび

三年ほど前、マーケティング研究者が開催したシンポジウムにおいて〝時代的課題〟として上げられていた「ことば」は、「関係づくり（リレーション）」「参加（コミットメント）」そして「満足（サティスファクション)」であった。しかし、これらはいずれも、〝総論はあっても各論の不明確な曖昧なことば〟である。

また、近年の旅行業の〝市場変化〟について、業界関係者は「大量対象から個人対象へ」「計画販売から注文販売へ」「提供者主導から利用客主導へ」へと表現しているが、このようなとらえかたは〝期待と実際のギャップ〟そのものであるといってもよい。旅行需要のきわめて多くの部分は、依然として旅行業あるいは旅行を計画した人びとからの提案を受けて現実のものとなっていることを認識することが必要である。問題は、〝どのような人々に対して〟〝どのような提案を〟〝どのようなチャンネルを通して〟行うことが適切であるかを、多面的に検討することなのである。

現代のサービス需要に結びつくニーズには、どれを選択するにせよ必ず利用に結びつく「日常化されたニーズ」とともに、二種類の「非日常体験に関するニーズ」があると考えられる。「非日常性体験に関するニーズ」の一つは、かってはごく日常的であり、〝あたりまえ〟であったものが日常的でなくなった結果であり、それらとの出会いが懐かしさと安らぎを感じさせるのである。もうひとつは、「日常を超えた快適性の体験」であり、平素は体験しないものとの出会いが満足感を生じさせるのである。

サービス業とくに対人応対を伴うサービス業は、基本的に〝提案するビジネス〟であり、共感し、〝くいちがい〟を生じさせない〝完結性〟が求められている。的確な提案を行うためには、人びとの生活の変化、とくに日常生活の現状と人びとの潜在するニーズについて、関心と理解を深めることが必要とされることはいうまでもない。そしてそれ以上に重要なことは、利用者に理解されうる提案を行うことであり、提案したことに対する人びとの反応に共感することである。そのためには、接客現場におけるコミュニケーション力の強化が求められるのであり、それを〝くいちがいの時代〟を打破する糸口として活用することが期待されるのである。

（一九九六年一月稿）

観光におけるサービス・マネジメントの現状と課題

◆観光をめぐる状況

「観光（Tourism）」は、交通機関の発達と通信網の整備を背景に誕生した近代的事象であり、所得水準と余暇時間の増大、国民各階層が他の土地や国へと自分の意思によって一時的に移動することのできる自由を得たことで、はじめて広がりをみせた社会事象である。

その意味で、観光は〝豊かさと自由〟のある社会、さらに〝平和〟を象徴しており、アメリカ、イギリスをはじめとする西ヨーロッパ諸国、日本、そして韓国においては観光は完全に国民のものとなっている。

また近年においては、アジア諸国をはじめとする世界の発展途上国が経済成長を背景として、国際観光客を送り出す側として観光市場に参加しつつあり、観光の大衆化はさらに国際的な広がりを示すようになっている。しかし、その一方においては、観光の大衆化によって、さまざまな問題もまた急増している。

それらは、自然資源への悪影響をはじめとする環境問題、文化資源の破壊問題、経済格差と生活慣習の違いを原因とする地域社会への悪影響などであり、さらに、国際観光往来に伴うトラブルも増大しつつあり、〝観光摩擦（Tourism Friction）〟という言葉も用いられるようになっている。観光の社会的な広がりと経済的側面をはじめとする影響力が大きくなってきたことにより、観光のさらなる発展だけではなく、〝観光のありかた〟が改めて問われているのである。

このような状況を背景として一九八〇年代中頃から、観光の〝新しいありかた〟を模索する動きが世界各国において、研究者・政策立案者・観光事業者などのさまざまな立場から試みられている。それらは「オールタナティブ・ツーリズム（Alternative Tourism）」「サスティーナブル・ツーリズム（Sustainable Tourism）」などと称されており、さらに自然環境保全を重視した観光を提唱する立場（Ecotourism）、農村環境と観光との調和を目指す立場（Green Tourism, Agri-Tourism）、従来は観光との結びつきがさほど重視されていなかった文化資源・施設を積極的に観光に活用すべきだとの考えかた（Special Interest Tourism）なども関心を集めつつある。

観光をめぐる状況は、このように大きく揺れ動きつつあるが、同時に観光は、交通業、宿泊業、飲食業、流通業、そしてオーガナイザー的役割を担う旅行業など、サービス業の中核をなす各業種がかかわりをもつことによって成立している〝サービス複合事象〟なのである。

観光事象に対応して展開され、さらにその促進にあたっている観光事業の総体としての観光産業は、世界の全産業の中で最大の〝綜合サービス産業〟であり、〝観光のありかた〟に関する論議は、観光におけるサービスのありかた、とくに提供側のサービス・マネジメントのありかたに及ぶことを理解する必要がある。

◆「サービス・マネジメント」の理論

「サービス・マネジメント」とは、組織が提供するサービスの量・質両面をマネジメント活動の対象とするという考えかたを称したものであって、一般には、マネジメント活動の対象とした活動すなわち、サービスの水準を維持・管理し、その改善・向上を図るための諸施策・諸活動の総称を意味している。

サービスが「モノ」とは異なり、それぞれが限られた時間と空間との関係においてのみ存在し、保存や再現することができないという特性をもっていることは、よく知られているところである。

サービスはまた、「誰（どのような利用者）」に提供されたかによって、意味と内容とは同様ではない。例えば、あるサービスの提供に要した時間が同じであったとしても、時間的に余裕のある人が「ゆったりしていた」と〝プラスの次元〟で評価するのに対して、時間の余裕のない人からは「のろのろしていた」と〝マイナスの次元〟で評価されることがある。さらに、同一人であったとしても、急いでいる時とそうでない時では評価の基準そのものが変化する。

サービスに対する評価には、個々人による差異ということも関係してくる。どのようなサービスを〝よい〟と評価するかの判断には、利用者の好みや性格、生活慣習が影響しており、また、〝文化〟の影響も見逃すことができないものである。

それぞれの利用者が、何を「サービス」として期待しているかによっても、評価は当然異ったものとなり、サービスに対する評価には、利用者個々人の個別性と偶然性とがある。サービス評価の特徴に関する説明から、提供しているサービスが〝よいか・わるいか〟を個々の利用者の判断だけで決めることはできない、という論理が導かれることになる。

このことは、提供するサービスの〝量および質〟の安定化を図り、向上を目指すにあたって、良否の判定を、〝利用者の評価のみに依存すること〟には限界があることを意味している。もとより、このことは利用者の評価を軽視することとは異なるものであって、実際にも、ごく少数の限られた人びとを対象としてサービスを提供しているビジネスの場合には、利用客のそれぞれ個別的な〝よい・わるい〟という判断の合計をサービスに対する評価として受け止める必要がある。そして、よい評価を得るためには、利用客のそれぞれ個々に対して、状況の違いなどについても考慮しつつ、対応することが求められることになる。

しかし、多くの人びとを対象として、多くの人びとによって、サービス提供を事業活動として展開する場合においては、提供するサービスのそれぞれの条件をふまえて、事業体の〝能動的活動としてのサービス管理〟が必要となってくる。つまり、「モノ」を生産する場合と全く同様に、提供するサービスの量と質の安定化を図り、さらに向上させていくためには、提供する側自らによる評価と点検の活動を組織的に行うことが不可欠とされるのである。

サービス・マネジメントの活動は多岐にわたっているが、その中心となっているのは、次の①〜④の一連の活動である。

① どのようなサービスを、どのような人びとに、どのように提供するか、についての目標・方針を設定すること。

② (目標・方針にそって)人間的資源と物的資源を有効に活用すること。

③ 利用者に対する応対のしかたとそのために必要とされる仕組みを構築し、組織的にサービスの提供にあたること。

④ 提供したサービスに対する利用者からの反応・評価を把握し、目標・方針の設定にフィードバックすること。

なお、ここで「顧客満足」ということについて少し説明を加えておきたい。

顧客満足に対する関心は、「モノ」の普及が進み、耐久消費財に対する需要の重点が〝新規購入〟から〝買い替え・買い増し〟に移ってきた社会(＝後期高度大衆消費社会)において必然的に高まってくることになる。つまり、〝未経験者〟による購入が大多数である社会から〝購入経験者〟が中心を占める社会への変化に伴って、自社商品の購入経験者に再購入してもらうことの重要度が飛躍的に高まることになり、その意味での〝顧客（＝購入経験者）〟の満足度を把握することは経営課題となってくる。

したがって、このような考えかたをもつこと自体は当然のことなのであって、それをどのように展開するかは、対象領域によって、また社会の仕組みによって異ってくる。自動車・家電・複写機などの「モノ」の領域においては、現在の利用客（＝顧客）をまず重視した営業活動の展開が必要とされており、観光事業においても、航空会社や一部の宿泊業では同様な状況が生まれてきている。

しかし、人びとの意識や関心によっても顧客満足の意味は大きく異なるのであって、アメリカ社会における顧客満足重視の背景には、個々人の自立性を重視する社会風土があり、さらにコンシューマリズムの定着と発展とが底流にあることを見逃すことができないのである。

このような〝考えかた〟、すなわち〝利用客の満足を重視すること〟を経営管理活動として展開するためには、それぞれの対象領域に適合した〝方法〟が必要であり、サービス領域における活動体系としてサービス・マネジメントの考えかたの採用が必要となる。

◆サービス評価の一般理論

サービスを構成している要素は、〝機能的な面〟と〝情緒的な面〟とに大別することが可能である。ここでいう〝機能的な面〟とは、多くの人が共通して認めることのできる〝はたらき（便益供与）〟であり、この面を『機能的サービス』と呼ぶ。

これに対して、〝情緒的な面〟とは、サービスの〝やりかた〟に関するものであって、その中心をなしているのは利用者に対する提供者側の〝人的応対〟である。〝やりかた〟については〝はたらき〟の面とは異なり、「よい」と感じるか、「わるい」と感じるかには個人差や状況差があり、なにをもってサービスとらえるかについても個々人による違いがある部分である。このような面を『情緒的サービス』と称し、『機能的サービス』と区別する。

評価の対象となるサービスは、機能的な面と情緒的な面とが組み合わされたものであるが、組み合わせを規定している条件を分析することが必要となる。一般に、情緒的サービスの割合の高い業種は、利用するか否か・どこを利用するかについての〝選択の自由度〟の大きい「料飲サービス（バー・クラブなど）」である。「（飲食物提供を中心とする）飲食サービス」や「宿泊サービス」なども、利用客に対するサービスの〝やりかた〟である情緒的サービスのウェートの高い業種ではあるが、バー・クラブなどに比較すると、機能的サービスの割合もかなり大きくなっている。

これに対して、物品販売を中心とする「流通サービス」は一般に機能的サービスの方が大きく、「金融サービス」「交通サービス」などは、さらに機能的サービスのウェートが大きくなっている。

しかし、これはあくまでも各業種ごとの一般的位置づけであり、同じ業種であっても業態によってかなりの差異がある。例えば、宿泊サービスには、機能的サービスを基調とする〝都市ホテル型〟から、情緒的サービスを特徴とする〝リゾートホテル型〟や日本の旅館型まで、さまざまのタイプが含まれている。また、交通サービスが他業種に比較すると機能的サービス優位であることは確かであるが、その中にもハイヤー・タクシー・バスなど相対的に情緒的サービスのウェートの高い業態も多く含まれている。

業種的にみると、〝サービスの向上〟に最も積極的に取り組んできたのは、情緒的サービスのウェートの高い業界である。それは、利用客がどこを利用するのかを自由に選ぶことができる業種であり、〝よいサービス〟であることが選択の大きな条件となっているからである。

機能的サービスと情緒的サービスの〝組み合わせ〟の度合が、業種・業態によってそれぞれ異なっていることは一般に認められている。しかし、それは業種・業態としての〝サービス提供の条件〟にある程度の共通性があるからであって、業種・業態の違いが〝組み合わせ〟を本質的に規定しているわけではないのである。

対人接触場面がごく限られている「都市型ホテル」と、利用客に対して特定の係員が継続して応対することを特徴としている「高級リゾートホテル」とでは、同じ宿泊サービス業に含まれるとしても、〝サービス提供の条件〟が大きく異なることは明らかである。食料品や日常生活品を中心としている「スーパーマーケット」と、比較的高価な商品を対面販売している「専門小売店」との違いも同様であって、専門小売店における〝サービス提供の条件〟は、むしろ高級レストランにより近いものとなっている。

〝組み合わせ〟を基本的に規定している〝サービス提供の条件〟は、次の4点に集約することができる。

① 「利用者数」
② 「利用頻度」
③ 「利用・選択の自由度」
④ 「利用・提供時の対人接触度」

①の「利用者の数」の条件としては、利用客が多い場合、サービス提供にあたっては、〝やりかた〟よりも基本的な〝はたらき〟を中心とすることが必要になる。

②の「利用頻度」の条件においては、多くの人に日常的に利用されているサービスは当然のこととして、人びとから共通に認められる〝一般性のあるはたらき〟が重視されることになる。しかし、同

じサービスであっても、それをたまにしか利用しない人の場合は、その〝やりかた〟に対しても関心が寄せられることが多く、評価の構造も異なっていることに注意する必要がある。航空会社のサービスに対する評価の仕方は、利用経験が多いか少ないかによって大きく異なってくる。

③の「利用・選択の自由度」が低い場合、利用者は必要に応じて、特定のサービスを利用しなければならないため、評価とはかかわりなく再利用されることになる。行政サービスはこの典型であるが、公共サービスは一般にこの条件を基本的にもっている。そしてこの条件が、行政サービスならびに公共サービスがなかなか向上しないことに密接に関係している。また、時間や立地などの条件によって需要が急増する場合も、利用・選択の自由度は極端に低くなってしまうことになる。

これに対して、自由な選択が可能な場合には、サービスの「よい・わるい」についての関心が高まり、とくに、〝やりかた〟の適否が全体評価に直接影響を与えることになってくる。

④の「利用・提供時の対人接触度」は、〝サービスのタイプ〟に直接関係する条件であって、対人接触度が高い（あるいは長時間の）場合には人的応対を通してサービスの〝やりかた〟が利用者に直接に示され、その適否によって「よい・わるい」の評価が形成されやすくなる。

一般に「自分のために何かをしてくれた」と感じられることは〝よいサービス〟であるとの評価に関係しており、対人的応対はその意味からもサービス評価に影響を与える。しかしそれは、プラス評価だけではなく、マイナス評価をつくる場合があることも意味している。これに対して、対人接触度が低い（短時間）場合は、〝やりかた〟が人を通して具体的に示される度合が少なく、また、時間的に限定されているため、人的応対があったとしても全体としての〝はたらき〟の一部分として位置づけられ、強い印象とはなりにくいのである。いわゆる〝マニュアル通り〟と感じられる人的サービスが、「わるい評価」とはなされないとしても、「よい評価」にも結びつきにくいのは、人的応対に自然さがないため、〝はたらきの一部〟として受けとられやすいことに原因がある。

多くの利用者が日常的に利用し、利用時における人的接触が短いという条件をもつサービスの基本的性格は、『機能性優位型』となる。その反対に、利用者が限られていたり、たまに利用するものであり、利用時における人的接触度合が高いサービスの基本的性格は『情緒性優位型』となる。また、利用・選択の自由度の低いサービスは、一般に機能性優位型となる。それは、自由度の低いサービスの基本的特徴である〝多くの人が利用する（利用しなければならない）〟ことが強くかかわっているからである。

『機能性優位型』『情緒性優位型』という「サービスの基本タイプ」に最も関係しているのは、利用・提供時の対人接触度であり、宿泊サービスにおける都市型ホテルとリゾートホテルとの違いをつくっているのはこの条件である。利用者の数や日常的利用の度合が、対人接触度に影響を与える条件であることはいうまでもないが、それらが直ちに対人接触度を規定してしているわけではないのである。同じ業種・業態であったとしても、提供の「条件」が違うと「サービスの基本タイプ」は変わってくるのであり、どのようなタイプのサービス提供を目指すかによって、必要とされる「条件」があるということなのである。

忘れてはならないのは、「サービスの基本タイプ」によって、利用者の反応や評価が異なるという点である。機能性優位型サービスの場合、期待されている〝利便さ〟などが得られている場合には、一般に〝強い不満〟は少ないのであり、また、提供されているサービスが一般性をもっているため、〝普通の状況〟においては〝強い満足〟の感覚も生じにくいのである。

これに対し、情緒性の強いサービスの利用は一般に非日常的であり、人的応対を伴っているため、〝満足〟を感じやすいとともに〝不満〟や〝失望〟もまた生じやすいことになるのである。

◆観光事業におけるサービスの性格

観光事業を構成しているサービスの中で、交通・輸送に直接関係するサービスは、一般に〝機能性優位〟のサービスであるが、宿泊・飲食に関係する事業には情緒的サービスのウェートが高くなっている。また、交通関係においても、タクシー・観光バスなど〝情緒的サービス〟のウェートの高い事業も多く含まれている。

このように観光事業におけるサービスは、性格の異なるサービスから構成されている。また、観光は個々人の多様な行動を基礎とする社会事象であるため、観光に参加する人びとによって、提供されることを期待するサービスは大きく異なってくることになる。

観光事業におけるサービスは、①種類・場面による違い、②観光の形態による違い、③利用者の国民性や性・年齢による違いなどの影響を受けており、〝多様性〟を基本的性格としている。したがって、観光事業におけるサービスに関して、〝理想的なありかた〟を一般的に論じるのは困難であり、かつ有効であるとはいえないのである。

観光事業は、多種多様なサービスの集合体であり、複合的サービス事業そのものなのである。忘れてはならないのは、観光に参加する人びとの〝満足〟は、航空会社・旅行業・ホテルなどの提供者側の努力だけによってもたらされるものではない、ということを理解することである。

自分自身が満足しようとする意欲をもち、提供されたサービスを受け止めようとする利用者が、〝満足〟を感じることができるのであって、提供されたサービスにすべて依存し、満足を与えてくれるのをただ待っているだけの利用者は、満足する機会を自ら失っているといってもよいのである。

サービスとくに人間が直接かかわる対人サービスは、提供者と利用者との相互の信頼と協力とによって成立している。観光は、見知らぬ人と人とが交流する機会を多く含んでおり、対人サービスを必要不可欠な要素としている。観光事業は、提供するサービスに対する利用者の関心を高め、提供者と利用者が協力して〝よいサービス〟をつくりだすことが求められるのであり、そのために提供者側に必要とされる基本的精神こそがホスピタリティ（Hospitality）と称されるのである。

観光におけるサービスの基本的課題は、世界中から訪れる多くの人びとに対して、共通して求められている便利性と安全性を提供すること、つまり機能的サービスの提供とともに、一時的にせよ、かかわりをもった人びとに対し、誠意をもって親切に明るく接すること、つまり情緒的サービスの提供なのである。

観光関連サービスの特徴と課題

一般に観光事業は、〝保有している地域固有の魅力を売る〟という性質をもっており、本質的に〝Produt-Out 型〟事業であって、それぞれの業種や立地条件によって、利用客に提供できるものには制約がある。

また同時に、社員・従事者の応対は、観光事業における〝商品の質〟を規定するものである。そして、利用客に対する応対は、時代によって変化し、さらに相手によって、柔軟に対応することが求められている。

観光事業そして観光労働の特徴を考えると、肉体労働の軽減策がただちに〝観光事業に役立つ人づくり〟に結びつくとはいえないのである。さらに、サービス業を工業と同じように扱う考えに基づいた生産性向上や効率化の推進は、〝観光事業の魅力〟を損なってしまう場合もありうるのである。

観光事業における人材問題とは、観光事業に従事する人びとを増大することだけでなく、観光がさらに進展する社会において必要とされる、安定した観光関連サービスの提供が行われる状態をつくりだすことを意味している。観光関連サービスを提供する組織は、サービス提供に従事する人びとの〝満足と誇り〟を増大することを、経営あるいは運営の最重要課題として位置づけることが求められるのである。

むすび

観光の世界的広がりに対応して、サービス・マネジメントの課題も国際的視点から論じることが必要となっている。多くの領域に世界共通基準（Grobal Standard）が求められており、観光関連領域においても、航空会社をはじめホテルを中心とする宿泊業界では確立しつつある。それらが世界共通基準を設けることによって、利便性と安定性を高めることに寄与し、人びとの観光への参加をさらに容易なものとすることが期待されるのである。

しかしながら、世界共通基準が求められ、さらに、その設定が有効性をもつのは、基本的に〝機能的サービスの領域〟であり、〝情緒的サービスの領域〟ではないことを理解する必要がある。機能的なサービスに関して、共通する基準とルールがあることは、観光交流の世界的拡大に役立つと考えられるが、そのことは世界の観光的魅力が同様に高まることを意味してはいないのである。観光における国・地域あるいは個々の事業の〝固有の魅力〟は、機能的サービスと組み合わされている、対人的サービスを中心とする情緒的サービスそのものにあるというべきなのである。

観光におけるサービス・マネジメントの課題は、それぞれの事業に必要とされる機能的サービスに関する知識と技術を世界基準に向けて高めることとともに、国民性、地域性そして個々人の個性を生かした情緒的サービスを組織的に確立することなのである。

ホスピタリティの高い人材の育成に向けて、家庭と社会が、そして大学を中心とする教育機関が連携して取り組むことこそが最大の課題なのである。

（二〇〇一年九月稿）

もてなしと親切

「(平成十二年度) 東伊豆ホスピタリティカレッジ」の開講にあたって、「地域とホスピタリティ」について、〃もてなしと親切〃ということを皆さんと一緒にもう一度考えてみたとい思う。

韓国における〃親切向上運動〃

まず、お隣の国、韓国での実例紹介から始めることとしよう。

ご承知の方もおられると思うが、六年前の一九九四年は「韓国訪問の年」であった。それは、李王朝が現在のソウルを都としてから六〇〇年目にあたることから、関係国際機関等の了承を経て定められたものであって、年間を通してさまざまな記念催しが盛大に開催されることになり、国をあげてのイベントがいろいろと計画され、大勢の外国人観光客が訪れることが期待されていた。

関係者が準備に積極的に取り組みつつあった九三年の秋のことである。「ソウルは世界の都市の中で〃最も不親切な都市のひとつ〃」とする報道が伝えられ、韓国ではちょっとした話題となった。それは、イギリ系の旅行専門雑誌（『Bisiness Traveller』一九九三年、十月号）が、ビジネスマンによる世界の主要都市のホテル・ランキングなどを報じた記事の一部に〝旅行者に対して最も不親切な都市〟として、パリ、モスクワとともにソウルがあげられていたからである。このことを報じた一部の新聞は、「まず、〝不親切な都市〟という悪いイメージを払拭することが先決ではないか」といった記事が掲載され、問題を重視した当局は、国際観光振興組織内に急遽、〝推進本部〟を設置し、親切向上運動を積極的に展開することとなった。

丁度その時、いくつかの大学での講演と講義のために韓国を訪れていた私は、この〝親切・不親切問題〟についての意見を、政府関係者をはじめ、いろいろな方々から、さまざまな機会に求められた。

韓国のサービスに対する印象と評価

私は、いままでに韓国を約四〇回ほど訪れている。仕事で行かれている方に比べて決して多いとはいえないが、一九七〇年以来、講演と講義のために、ほとんど年に一回以上、三〇年間にわたって訪れているため、この間の韓国のサービスの傾向や変化、そして地域による違いなどもある程度までは理解することができると思ってはいる。

私の感想としては、韓国の人びとが一般に不親切であるとは思われないのであって、むしろ、無口で無愛想であったとしても、心のこもった応対をしてもらった経験の方がはるかに多い。その意味では、日本の東北地方の方々に似た素朴さがあり、打ち解けるまでにはやや時間が必要といった感じなのである。

しかしその一方において、韓国の人びと、とくに広い意味での接客対応に従事する人達には笑顔が少なく、やや〝あたりがきつい〟という傾向が、少なくとも日本よりはみられことも事実である。とくに、接客サービスにおいては、相手に関心を集中することと故意に忌避する傾向のある人を時々見受けることもまた否定できない事実である。理由のよく分からない、あるいは分かろうとしないい旅行者、とくに外国からのビジネスマンが〝不親切だ〟と感じる最大の理由はこの点にあるように考えられる。

このような〝あまりよくはない〟という印象を一方ではもっているにもかかわらず、全体としては比較的よい評価となっている理由には、私の場合、それぞれの対応場面そのものが、韓国のサービスを理解する大事なサンプルとして受けとめている事情が関係していると思われる。したがって、知らない場所でのスムースな対応を期待し・要求することの多いと思われる、純然たるビジネス旅行者とは立場が基本的に違っていることになる。「やや無愛想な面があるために〝不親切〟と感じられることもあるとしても、〝もてなしの心〟がある」というのが、私の韓国のサービス全般に対する感想である。

〝親切・不親切問題〟に関して、韓国の方々とくに以前私の研究室で勉強され、現在は大学の先生になっておられるといった〝親しい方々〟に対しては、次のように助言しておいた。

「韓国とくにソウルが、外国人ビジネス旅行者から〝親切だ〟といわれるようにするのはかなり難しい。まず、明らかに〝不親切である〟ことを直すことと、〝親切向上〟とは別の問題であるという理解が必要である」と。そしてさらに、韓国の生活文化が基本的に〝親切文化〟ではなく、〝もてなし文化〟であることについての認識を、まず高めないと問題点が不明確になってしまうことに注意する必要がある、と。

それは何故なのであろうか？　実はここに、「ホスピタリティ問題」を解く大きなポイントがある。

「もてなし」と「親切」

この両者は、ともにサービスに密接にかかわりをもった言葉であり、気軽に使うことが多いが、その意味・内容は同じではなく、サービス提供の対象・条件との関係によって、それぞれ異なる役割と条件をもっている言葉なのである。

皆さんにすでにその要点をご説明した「サービス理論」によって改めて説明すると、「もてなし」

とは、対象への個別性を強めたサービス応対のことをいう。「もてなし」には、相手側（客）に直接応対する人の〝言葉づかい〟や〝表情〟などの対応のしかたの適否が大きく関係している。客である自分に対して、どのように対応してくれるかということが「よかった・わるかった」という評価に直接関係しているサービス形態なのである。提供側としては相手つまり客をどれだけ理解するかがポイントとなってくる。

このような「もてなし」が成立するためにはいくつもの条件がある。一般に日常的に利用しているサービスに「もてなし」を求めることはなく、大勢の人びとと一緒に利用している列車やバスなどの交通機関においても「もてなし」は必要とはされていない。「もてなし」が成立するための（利用客の立場からみると「もてなし」が期待される）最も重要な条件は、提供者と利用者との接触時間が〝ある程度長いこと〟あるいは〝関係がある程度継続していること〟なのである。

これに対して、「親切」は、サービスの提供とは無関係に〝人間相互の応対〟にも広く使われている言葉であり、相手を拒絶せずに受け入れる心・相手を思いやるやさしい心・相手のことを配慮した言葉や行動を総称したものを意味している。そしてサービス提供に関しての「親切」とは、利用客一般に対する対応のしかたを意味しており、成立条件からいうと、「もてなし」の丁度反対に位置していることになる。

つまり、よく知らない利用客あるいは相手に対する、短い時間での応対場面なのであって、そのような場面においては、相手を理解するのは当然困難であり、それだけに、相手に関心を集中した明るい応対をすることが重要な意味をもつことになるのである。

サービスと文化

国や民族あるいは地方におけるサービスをめぐる問題を解く〝ひとつの鍵〟は、生活様式とサービス提供の〝条件〟との関係を吟味することにある。

韓国社会は、血縁を中核とし、地縁・知縁へと広がる〝同心円型人間関係〟に基づいていると考えることができる。肉親に対する礼を最も大切にする儒教的価値観が支配的であり、その延長線上において、親しい人・お世話になった人・知っている人に対する「もてなし」が大切にされることになる。そのことは一方では、よく知らない人・たまたま出会っただけの人に対する丁寧な、あるいは感じのよい応対つまり〝親切〟は、ともすれば軽視されることにつながることになる。

さきほどお話したように、応対場面で笑顔が少ない、わざと相手を無視したような動作をみせるということがあるのだが、見知らぬ人に笑顔をみせたりするのはマナーに反するという考えかたが根底にあり、それが慣習となっている面も多分にあると考えられるのである。

日本社会にも、韓国的な人間関係と価値観は影響を与えてきた。とくに、支配階層あるいは武士階級においては、儒教的な価値観が強くみられ、〝礼〟が尊重される一方、〝親切〟はあまり重視されなかったといえるのである。しかし、一般庶民階層では事情は大きく異なっていた。

仏教に基づく〝袖振り合うも他生の縁〟といった、たまたま出会った人に対するよい対応の大切さを教える考えかたや、無縁の多くの人びとの中から〝馴染み客〟や〝顧客〟をつくるためには誰にも分け隔てのない〝よい応対〟が大切といった庶民思想が古くから根づいていたのである。現在、ホスピタリティ産業と総称される宿泊業・飲食業・交通業そして観光に直接かかわるビジネス、さらに流通業のほとんどすべては、純然たる民間つまり庶民の力によって育てられてきたものであって、〝日本人は親切〟というイメージはこうした背景によってつくられてきたといってもよいのである。

韓国とは違って、日本では親・兄弟などの肉親の関係では、「親切」「もてなし」という言葉が用いられないのが普通である。「親切」は、身内以外の人びとに対してやさしく対応しようとする考えであり、行為なのであり、「もてなし」とは〝時間をかけて〟、身内や親しい仲間以外の人を、歓待することを意味しているのである。

韓国社会が〝もてなし文化〟であるのに対して、日本が〝親切文化〟であるということ、そして、韓国が親切向上に取り組むためには、長い時間をかけて培ってきた自分たちの文化に対する再認識がまず必要なのだという意味がご理解いただけるのではないかと思う。

◆「親切」をめぐる〝社会的環境〟の変化

しかし近年、日本における〝親切をめぐる社会的環境〟は大きく変化しつつある。大都市部を中心とする生活の利便性を追及する傾向や他人を詮索しないことをよしとする考えかたが高じた結果として、〝他人に対する無関心〟が急速に広がっており、かっては日常語だった「親切」が〝特別の言葉〟とさえなりつつある。この傾向を是正することは日本社会の大きな課題のひとつともなっている。

◆むすび

むすびとして敢えて申しあげておきたいことがある。

それは、〝よいもてなし〟も〝親切〟も、提供する側・行う側だけではなしえないということである。〝よいもてなし〟は、「もてなし」をきちんと行うことのできる人をつくることと、受けた「もてなし」を評価し、満足する人とによってはじめて成立する。同様に〝親切〟も他人に親切にする気持ち・行為と、受けた〝親切〟を感謝する人とによって成立しているのである。〝親切〟を受止める心がないならば、〝親切〟という行為があったとしても、その人にはみえないことになる。

地域として、〝ホスピタリティの向上〟に取り組むにあたって、忘れてはならないのは、地域でお互いに〝よい応対〟をし、〝よい応対〟を大切にする文化を、さらに風土をつくることの重要性である。遠くから訪れてくれた人びとに、よい応対が何時もできるようにするためには、まず、日常的に顔を合わせる人びとが、お互いによい応対をすることを習慣として確立することが必要である。

その意味において、本年度に東伊豆町が町をあげて取り組むことになった「挨拶運動」はとても意味のある、またタイムリーな試みである。この運動が町全体に浸透し、気軽に明るい声で挨拶し合うことが〝当り前〟になってしまう日が一日も早くくることを願いたい。ホスピタリティカレッジに参加しておられる方々には、挨拶運動の中核としての役割を積極的に果たされることを期待したい。

（二〇〇〇年五月）

サービスのよし悪しに客もきちんと反応してほしい

――女将のいる日本旅館を楽しむために――

よいサービスを期待するなら、客の側にも努力が必要

サービスというものは基本的に、提供する人と受ける人の両方で成り立っている。よいサービスを成立させるには、受ける側にもその責任の一端がある。もしも、日本旅館のよさを味わいたければ、利用する側もそのよさを味わうような姿勢であることが求められる。キャッチボールに例えれば、旅館側は利用客に対して、いい球を投げられるようにいつも努力していなければならないが、客側もいい球がきたときには「ストライク！」といってあげることが必要。そうすれば、もっとストライクゾーンに投げようという気になるもの。何を投げても、お客さんがどうでもいいという態度だと、旅館側も適当に投げておこうということになりやすい。

まず第一に、大切なことはサービスを受ける立場の人が、よい球、悪い球にはっきり反応すること。よければ「美味しい」「楽しい」などと褒めてあげる。また、逆に悪ければ「少しコースから外

れているよ」と注意してあげること、つまり、もっとよい球を投げたくなるような気にさせることも必要。

第二に、これは客としてのマナーでもあるが、女将さんや客室係との会話のなかで、外の旅館との比較はしないこと。自分としての評価は当然あるとしても、旅館のサービスには一期一会の性格があるので、よいときに「これはよい」という褒め方をすべきであって、「どこそこに比べるとよい」といったいい方は避けるべきである。

第三は、知ったかぶりはしない。自分の経験を豊かにする、学ぼうとする気持ちが大切。女将さんは、客をもてなす城の主であり、その道のプロなのだから、わからないことは素直に聞く。その時に、お客さまのお楽しみの「お手伝いをしましょう」という態度こそがプロの応対。「教えてあげましょう」というような応対をとるのでは、よい旅館とはとてもいえない。

最後に、女将が部屋に挨拶に来たとき、長時間独占するのはタブー。女将は忙しい人なのである。

◆旅館に何を期待するかで選び方も違ってくる

自分が旅館になにを期待するのか、それによって選ぶ旅館のタイプは当然違ってくる。このことをきちんと頭の中に入れておかないと、客も旅館もちぐはぐな結果になってしまう。

女将に支えられている比較的規模の小さい旅館は、キャッチボールの例でいうと、ストライクゾーンがしぼってあるタイプが多い。利用客にはこんな球を投げるというポリシーを持っており、それで人気を博している。だから、すべての人にとって、打ちやすい球とは限らない。客側は高めの球を待っているのに、低めにしか投げてこないということもありうる。「あの旅館はいいけれどもちょっと静かすぎる感じ」「放っといて欲しいのに、丁寧すぎる」といった不満がでてくるのも、この辺に原因がある。

その旅館がどの球を得意にしているのかをまず知ることが大切。そのうえで、そこが自分の期待している楽しみかたに合っているのかを考えてみるのが必要。

旅館を選ぶ場合、その判断基準は大きく二つに分けられるであろう。

一つは自分（達）が普段は味わえない、落ちついた人間的な応対を受けたいと思っているのかということ。

もう一つは、環境を含めて施設、雰囲気を楽しみたいと思っているのかということ。

このどちらに自分が重点を置いているのかによって、選択対象は基本的に違ってくる。もし、人間的な応対をきちんと受けたいならば、一つの目安として、30～50室の規模の旅館ということになるであろう。女将の目配り、気配りが十分きく範囲ということになると、やはり小規模の旅館ということになる。その逆に、人間的な応対の煩わしさを避けたいというような人は、規模の大きいところの方が都合がよい場合が多い。

しかしこれは一般論であって、相手によってはあまり細かな応対をしないということも人間的応対のなかの気遣いである。「こういう訳だから放っておいて欲しい」といえば、理解したうえでかまわないでおいてくれる、こういうことができるのも小さな旅館ならではの配慮である。

◆予約するときに、こちらの希望をはっきり伝えること

旅館で満足のいくもてなしを受けるための第一条件は、こちらの希望を前もって旅館側に、きちんと伝え、相談してみることである。一般性の高い機能的なサービスの提供を特徴とするホテルとは違って、旅館は客室と料理に人間的な応対を加えた、トータルとしてのもてなしを売っている。

エージェントを通して申し込む場合でも、旅行の目的―仲間と一緒に楽しみたいとか、家族でゆっくりしたいとか―を伝えておくと、旅館側としても対応しやすいことになる。それぞれの旅館には、できることとできないことがあるので、まずこちらからリクエストしてみることが必要となる。

また、個人で初めて旅館に予約する場合には、誰かの紹介があった方がスムースであるが、そうでない場合は「何々という本で見ましたが、ぜひ泊まりたい…」といった具合に、早めにこちらの希望、人数、連絡先などを明らかに伝えることが大切。市内のレストランでも、あらかじめ予約してお

くことによって、きちんとした応対をしてもらえるのと全く同じことなのである。

小規模で個性的な旅館が名旅館とは限らない

女将のいる名旅館というと、小規模で女将の個性が全面に出ているようなタイプを連想しがちであるが、必ずしもそうともいえない。

女将をいくつかのタイプに分けてみると、まず、弾き語りタイプがある。これは、女将の個性を出し、余人をもって代えがたいエンターティナー型で、いわゆる〝名物女将〟はその典型である。次に、カルテットの指揮者兼演奏者タイプ、または自分自身は楽器演奏はしないで、全体のとりまとめに専念するオーケストラの指揮者タイプがある。さらに、若女将や社員達に第一線の現場は任せ、一歩さがって指揮棒も振らないものの、全体をしっかりと仕切っているプロデューサータイプがある。

人間の特徴は人を育てることができる点にあり、女将も分身をつくることができる。さらに、分身がまた分身をつくっていくことによって、優れたもてなしの担い手を育てることが可能なのである。

だから、規模の大小にはかかわりなく、女将の分身（達）が活躍している旅館はサービスもゆきとどいているのである。和倉の加賀屋や雲仙の東洋館には有名な大女将がおられるが、ともに規模は大きい。しかし規模が小さかった時代から現在まで旅館を育ててこられたわけであり、ちょうど人間が成長する過程に合わせて異なる役割を果たしてきたように、弾き語りタイプから始まり、指揮者タイプを長い間務められ、さらに旅館全体のプロデューサーとして活躍し続けておられるのである。

もてなしの存続と継承

ここにひとつの例え話を紹介しよう。

ある所にねずみ取りの上手な三匹の猫がいたという話である。

一匹目は、自他ともに認める現役の名人であって、その家にねずみが忍び込もうものなら、たちどころに捕まえてしまう。「オレは名人だ」と町を睥睨して歩き、他の猫どもも一目を置かざるをえない。しかし、その猫が死んでしまったとたんに、安心してねずみがわっとでるようになってしまったということ。

二匹目は、一匹目の上をゆくスーパー猫である。昔はねずみ取りの名人といわれたそうであるが、今は毎日日向で居眠りばかり。「あの猫、昔は名人と言われていたそうだが、本当？」と皆が噂をしている。しかし、その家には依然としてねずみは全く出てこない。ところが、その猫が死んでしまうと、ぼつぼつねずみが跳梁しだすようになる。元名人猫がいるということだけで、生存中はねずみも恐ろしくて出て来れなかったのである。

さて、上には上があり、三匹目はウルトラスーパー名人の猫である。この猫も二匹目と同じように毎日日向で居眠ばかり。もちろん、その家にはねずみは全く出てこない。なんでも遠い昔に、ねずみ取りがとても上手だったという伝説があるとのこと。その猫もやがて亡くなるが、生存中と同じように、ねずみが現れる気配は全くない。ウルトラスーパー名人のいるあの家に決して行ってはいけないと、ねずみが子孫代々伝えたそうなのである。

このような例え話を紹介したのは、〝女将の宿〟〝もてなしの宿〟などとして高い評価を得ている旅館と共通する点があるからである。もてなしが素晴らしい、サービス優秀などといわれているとしても、それを一身で支えてきた名女将がいなくなってしまったら、もてなしやサービスの水準が落ちてしまうようでは、所詮は一匹目の猫の宿なのである。

優れたもてなしが代々受け継がれて〝伝統〟となり、また多くの分身のなかに生き続けてこそ、本当に優れた旅館といえるのである。

利用する側も、このようなことにも目を向けてみると、新しい発見や感動があるかもしれないのである。

（一九八八年三月稿）

IV 現代観光の課題

国際化時代における観光交流と地域振興

一　国際化時代の意味するもの

◆進展する〝国際化〟

現在の社会は、以前とは比較できないほどに国際化が進んでいる。観光の領域においては、年間に延べ一千万人を超える日本人が外国へ出かけ、三百万人以上の外国人がわが国を訪れるようになっている。

科学技術の進歩、交通通信等の発達によって、地球は狭くなり、国際間の交流は活発に行われるようになった。まさに現代は、〝国際化の時代〟なのである。

しかし、現在急速に展開されつつあり、今後さらに拡大されると予想されている〝国際化〟は、従来からの国際化とはその性格をやや異にするものと考えられる。それは、過去から現在に至る国際化が、「国」と「国」との関係を基本とするものであったとするならば、これからの〝国際化〟は「人」と「人」とが国境を越えて世界的なスケールで交流することを意味しており、異る文化との接触が多くの領域において頻繁になることを意味しているからである。

国際化と国際交流

「国際化」とは、基本的に、ある国の政治・経済・文化などの諸側面が、他の国々との相互影響関係にあることを意味しており、さらに、このような関係が進展しつつある状況を指して用いられている。

国際化とは元来、国家が自国を国際社会の中でどう位置づけるのかという問題を中心としてきたものであり、国際化の主体は国家であった。国と国との関係が制度的に成立した後で、貿易をはじめ民間が担い手となることが適当とされる領域に国際化が進むことになる。やがて、政治・経済以外の領域においても国際化が現れることになる。国・地方自治体そして民間機関などによって、外国との間につくられた制度的関係に基づく文化領域での国際化、文化面での交流を伴う経済協力は一般に、〝国際交流〟と称されており、その活動は次第に大きなものとなってきている。

現在、ことさらに〝国際化時代〟といわれるのは、政治・経済をはじめとする多くの領域で国際化が拡大することは当然としたうえで、さまざまな分野での人的交流を中心とする文化交流が大きく広がることが確実視されているからに他ならない。

形態としては、国や地方自治体などによる制度的な交流の拡大に加えて、〝民際交流〟と称されるようなそれぞれの地域社会の民間団体や個人を中心とする交流の増大が見込まれており、また期待されている。先に、これからの国際化は人と人とが世界的なスケールで交流することと述べたのは、このようなことを意味している。

二　国際化時代の観光

◆国際観光の二つの側面

国際観光は、「国民の外国訪問（アウト・バウンド）」と「外国人の自国への訪問（イン・バウンド）」の二つから成り立っているが、より本質的に、経済的側面と文化交流的側面とを併せもっている事象として認識することが必要である。

外国人客を誘致することは外貨の獲得に直結しており、古くから「見ざる輸出」として重視されてきた。その逆に、貿易不均衡を是正する手段の一つとして、〝見えざる輸入〟としての外国旅行の活発化を促すこともみられるのである。

一方において、観光は「金」とともに「人」が一時的に移動するわけであって、人と人との、人と文化との出会いを必然的に伴っている。直接体験し、見聞を広め国際相互理解に役立つことは文化的効果として、経済的効果とともに国際観光の効果として理解されてきたものである。

◆これからは文化的側面により重点を

観光振興の課題は、アウト・バウンドとイン・バウンドとのバランスをどう図るか、経済的側面と非経済的側面（文化的側面）のいずれをより重視するかということにあると考えられるが、国際化時代の観光においては、アウト・バウンドとイン・バウンドのいずれにおいても、より文化的側面に重点をおくことが基本的に求められている。このことは、観光の経済的側面を軽視しているのではなく、国際観光が異る文化との交流によって相互の理解を図るうえでの有力な手段となることを認識することが当面の課題であると考えられるからである。

国際化時代における観光は、大衆化され一般化されることに大きな特徴がある。他国において、自国において、文字通り国民の各層が自由に交流することに意義があるといえる。〝草の根レベル〟での文化的交流が蓄積されて経済的交流へと発展することはありうるとしても、その反対の成果はあまり期待できないのである。

◆外客受入れ体制の整備

わが国においては、アウト・バウンドとイン・バウンドの双方向とも経済的側面のみが過度に大きく浮び上っていた傾向は否定できない。とくに近年、大量に外国へと出掛ける日本人は、「開くのはサイフだけ・心は閉じたまま（オーストラリアの新聞より）」と評されたり、その逆に、「サイフは開かないが・心は開こう」として日本を訪れる外国人を〝ケチになった外国人〟としてとらえたりする傾向もみられる。

今後は文化的交流により重点をおいた国際観光往来を重視する必要があるが、とくにイン・バウンドの領域（外客の受入れ）における充実を図ることが課題となっている。

わが国の外客受入れ体制整備は、この数年間にかなりの前進がみられるが、まだまだ改善課題は山積しているといってよい状態である。これには、わが国における観光の展開過程が他の国々とはいささか異っており、日本人を対象として観光施設等がかなりの水準で整備されてしまった後になってから、一般外国人の受け入れ体制をとったという歴史的経緯も影響している。

長い間にわたって、外国人観光客は一般の日本人観光客とは別な〝特別な対応〟が必要な対象であったのであり、この傾向は宿泊施設などに依然としてみられる。これからの時代における外客受入れ体制の整備の課題は、外国人が日本人客と同様に日本各地を自由に訪れることができるようにしていくことなのである。それは、日本人による日本人のための観光地を、日本人によって世界の人びとが利用できるような状態へともっていくことを意味している。当然のことながら一挙にその状態をつくることは困難であり、時間をかけて進める必要がある。そして、その整備は具体的には、それぞれの地方を中心としてなされることになる。

三　国際観光と地域社会

◆国際化時代の観光の担い手

国際化時代において、日本人客と同様に、外国からの来訪者及び在日外国人が、楽しむことのできる観光地を整備していくことが必要となっている。それは、外国人が〝一人歩きできる〟あるいは〝自由に快適に安心して行動することができる〟観光地をつくることといってもよい。そして、それぞれの観光地を訪れた外国人は、地域の人々を含むさまざまな人と接触し、交流する可能性をもっている。

観光地への来訪者とかかわりをもつ人は、時代によって変ってきている。〝多くの階層が各地を自由に歩きまわる時代〟、つまり国際化時代においては、それぞれの地域の一般市民も重要な担い手となってくる。というよりも、人と文化との交流という面においては、地域の一般市民が主役を演じることになるといってもよいのである。

国際観光振興による地域活性化

現在各地域において、地方自治体や関係団体などによって、さまざまな国際交流に関する事業が展開されている。姉妹都市等の友好提携は、全国の都道府県・市から町村レベルにまで広がっており、その契機も地理・歴史等の類似性からだけではなく、産物や過去の交流などを共通項として姉妹提携するなど多様なものとなっている。さまざまな国際交流活動を通して、異なる文化との接触が地域社会に〝刺激〟を与え、従来とは異った視点から地域の見直しが行われたりするなどの成果を収めている例は少なくない。これらは、国際化がいわゆる地域の活性化に大きくかかわりうることを示したものといえる。

国際観光振興とくに外国人観光客を地域に誘致することができれば、その効果はさらに大きく多方面に波及するものと考えられる。それは、地域社会の自然・文化資源が、国際社会と直接のかかわりをもつ機会が日常的に広がることだからである。もとより、すべての地域が同じような条件をもっているわけではない。それぞれの地域的条件や特性をふまえて、地域の振興に役立てるための工夫が必要となってくる。そして、特徴ある地域は、国際化の時代において〝日本的な魅力ある観光地〟と外国人から評されるのである。

四　地域における国際観光振興の課題

基本的な姿勢として求められるのは、国際化時代にふさわしい〝地方としての観光振興〟に積極的に取り組むことであり、その対象の中には当然のこととしてさまざまなタイプの外国人観光客も含まれるということなのである。取り組む必要がある具体的課題として、次の四項目を指摘することができる。

① 国際的な視点から、地方が保有している観光資源・施設等を見直してみること。

② 観光客が必要とする情報・知識を改めて点検し、整備を図ることが求められる。とくに地図・パンフレット等については。〝外の人〟〝初めて見る人〟の立場からの再点検が必要である。

③ （国内・国外客を含めて）観光の大衆化・多様化に対応できる受け入れ体制整備を図ることが必要となる。そのためには、近隣・周辺地域とのネットワークづくりや協力体制づくりがさらに求められることになる。

④ （上記した諸整備に関して）各地方に居住する、あるいは来訪した〝異なる文化の人びと〟の

意見等を積極的に聴取する機会・仕組みをもつことが必要である。

これらの活動の積み上げによって、個性のある〝地域の国際化〟の可能性が大きく広がっていくのである。

◆むすび――観光交流による地域振興をめざして――

国際化時代においては、外国人を含むすべての人びとに対して、同じ態度で接することができるという意味での〝国際感覚〟こそが求められている。外国人をはじめとする〝外からの客〟を受け入れるための基本条件は、次の三点に集約することができる。

① 文化はそれぞれ異なることを理解し、配慮できること

② 意思疎通のための方法・手段を持つこと

③ (地域の特徴が生かされている)〝もてなしの心〟があること

地域社会の人材開発のために、また、地域の個性づくりのためにも、観光交流を地域振興により積極的に活用すべき時代なのである。

(一九九一年六月稿)

国内観光の現状と課題

―〃魅力ある観光〃の創出を考える―

◆問題認識の基本視点

〃観光のありかた〃を論じるにあたって、忘れてはならないことは、観光とは〃人間の自由意志による行動を基とした社会事象〃であるという事実である。現代観光の最大の意義は、多くの人びとが各人の自由な選択によって、一時的に普段の生活を離れて他の国や地域に赴いて、新しい経験をすることにある。したがって、〃新しい観光〃や〃望ましい観光〃を論じるにあたっては、何故それが〃望ましいのか〃について説明するのは当然として、それが実際には行われていない理由を分析し、どのような働きかけをすることによって、そのような行動が実現するのかについても説明することが求められるのである。本稿は、観光行動の変化と対応させて国内観光低迷の原因を分析するとともに活性化を図るための〃ひとつの課題〃を指摘したものである。

観光行動の変化に対する再認識

観光の大衆化・一般化とともに、観光行動の基本パターンそのものも構造的に変化することを常に認識することが必要である。観光需要は、〝(まれに) 楽しみを求めた時代〟から〝皆が出かける時代〟へ、さらに〝生活の一部として観光が位置づけられる時代〟へと推移してきたと考えることができる。このような時代区分は、旅行することそのものが重要な選択対象である「旅行優位型」、何処へ・何をするかの選択がなされる「旅行先優位型」、どのような行動をするか（その目的に適した行き先は何処か）の選択がより大きな位置を占める「目的行為優位型」という「観光行動類型」との対応関係がある。

これらの〝時代区分〟ならびに「行動類型」と目的行動・購買行動・評価および再訪問希望との関係は表のようにまとめることができる。

時代的推移	観光行動類型	目　的	購買行動	評　価	再訪問希望
〝まれに〟	旅行優位型	単　純	最も活発	甘　い	低（願望大）
〝皆が〟	旅行先優位型	複　合	活　発	比　較	一般に低
〝生活の〟	目的行為優位型	限　定	両極化	厳しい	両極化

まず、目的行動については、「旅行優位型」はその名称の通り〝旅行をすることそのもの〟が主たる関心事であり、比較的単純である。そして、次の段階である「旅行先優位型」では、特定の行先地においてさまざまな行動を行おうとする傾向がみられるのに対して、「目的行為優位型」は、特定の行為が実行されることを意図して旅行計画がたてられるタイプであり、目的行動は基本的に限定される傾向にある。

購買行動は、観光の大衆化が進むにつれて、土産品を中心とする旅行先での購買に対して強い関心を示さない人びとが増大してくる傾向がある。しかしそれは、旅行経験の増大（国内では流通の発達も関係している）によって、一般的な記念品や土産品に対する関心の低下を意味しており、国・地域固有の特徴を有する品目の場合は、その購買そのものが目的行為ともなりうるのであって、魅力がより高まる場合も十分にありうる。

次の〝評価〟とは、基本的には自分（達）の行った旅行に対する事後評価を意味しているが、実際には、旅行を販売・手配した旅行会社や、旅行先である国・地域等に対する満足の度合として示される場合が多い。一般に「旅行優位型」は、旅行そのものが珍しい体験と受け止められるために、不都合が多少あったとしても、全体としては〝楽しい経験〟として評価されやすい。これに対して、「旅行先優位型」の場合は、すでに訪れたことのある他の国や地域、また、利用経験のある宿泊施設・旅行業者・航空会社等とを比較して評価がなされることになり、いわゆる〝目の肥えた評価〟となってくる。そして「目的行為優位型」においては、評価のポイントが事前期待がどれだけ達成されたかに置かれることになり、評価は一般に厳しくなるだけではなく、個人差も大きくなってくる。

最後の〝再訪問希望〟とは、旅行地であった国・地域あるいは利用した施設等を再度訪れようとする度合を意味している。「旅行優位型」の場合、〝また訪れたい〟という反応が示されやすいが、旅行経験そのものに対する満足表現である場合が多い。また、「旅行先優位型」は基本的に、次の〝新しい経験〟を求めるタイプであり、評価とはかかわりなく〝再訪問希望〟は低いのが一般的傾向である。これらに対して「目的行為優位型」は、満足したところへは再度訪れようとし、その一方では、不満であったところへは二度と訪れようとはしないといった〝両極化〟を示す傾向がある。

国内観光低迷の原因

このような「行動類型」に基づく分析において忘れてはならないのは、ある類型に代わって次の類型が登場するということではなく、観光行動の〝基本型〟ともいうべき「旅行優位型（＝まれに気晴らしに出かける人びと）」はどの時代にあっても存在しており、それ以外の類型も多く現れるようになってきているということなのである。

そしてさらに重要な点は、歴史の浅い外国への観光においては「旅行優位型」や「旅行先優位型」

が依然として主体であるのに対して、国内観光においては、目的行動を限定し、厳しい評価を行う「目的行為優位型」の占める割合がかなり高くなってきているのであり、国内観光低迷はこの点に起因する面が大きい。

外国への観光において〝期待していること〟ならびに〝全体評価に影響を与えている事柄〟を分析すると、それらは国内観光とは比較にならないほどに単純である場合が多い。これに対し、国内観光に人々が求めているものは多種多様であり、観光者の属性条件をはじめ、興味・関心、知識等々によって、満足度も評価も大きく異なってくるのである。このこと自体はしごく当然のことなのであり、各観光地や関連業者は、それぞれが有している〝固有の魅力〟が何であるかを認識し、どのような人びとに対してアッピールすべきかを検討することによって、〝適した観光客〟の開拓と確保とに努めることが基本的課題なのである。

しかしながら、多年に亘る需要の継続的増大とくに一九八〇年代半ば以降の〝ニーズの高度化〟や〝都会型利便性志向〟を過度に重視してきたことによって、〝一見すると多種多様ではあるものの中身はきわめて類似している〟という観光地や観光施設が全国の多数を占めてしまい、その全般的魅力〟は低くなっているといわざるをえないのである。

〝魅力ある観光〟の創出

国内観光に低迷をもたらした原因は、観光地側や観光事業者だけにあるのではなく、観光需要側を含む社会一般にも当然ある。低迷状態を打破し、活性化を図るために求められることは、新しい視点から〝魅力ある国内観光〟を協力して構築することである。

〝魅力ある観光〟をつくりだす方法の一つに「イベント」の活用がある。〝伝統性〟や〝正統性〟〝特異性〟を有しているイベントは、〝新しい発見と出会い〟の機会をつくる、毎年あるいは数年に一回にせよ、人びとが〝繰り返して訪れる可能性〟を広げるなどの意味をもっている。しかし、イベントとは〝人びとを誘致することを意図してつくりだした〝モノ・コト〟であることも事実なのであり、プラスの面とともにマイナスの面も併せもっていることを忘れてはならない。

筆者は、わが国が数多く有しているさまざまな〝文化的資源〟を再評価し、人びとの関心を高めることによって、国内各地を年間を通して訪れる〝文化観光〟の振興を課題として提唱したい。そのイメージは、環境面だけではなく、生活・文化さらに人びとの心理面に関して、マイナスの影響が最も少ない観光なのである。このような観光の拡大に直接かかわっているのは、〝人びとの興味と関心〟を育むことなのであって、「日本再発見」を積極的に行うことなのでもある。（一九九五年十一月稿）

「リゾート」の問題と課題

――観光行動論の観点からのリゾート論――

はじめに

筆者は、観光事象を研究する者の一人であるが、その取組みの基本となっているのは、観光を「近代以降の社会に発生した社会的行動のひとつ」としてとらえるやや限定的な視点である。それは、社会心理学・産業心理学を理論的基盤として消費者行動論を専攻し、それを土台として消費者の〝新しい行動形態〟である観光行動を研究の対象に加えてきたという経緯によっている。現在では、消費者行動一般よりも観光行動とサービス行動に関する心理学的研究がより大きなウェイトを占めるようになっているが、問題把握の仕方とアプローチの方法は常に行動論視点であり、「リゾート」に関しても同様である。

リゾートをめぐる論議は、すでにさまざまな立場や観点から数多くなされてきているが、その中にはマクロ的な政策論からミクロ的な地域振興論議まであり、また、理念的開発論から技術的計画論までのさまざまのレベルのものが含まれている。さらに昨今では、各人の嗜好に基づいた感情的な発言も多くみられるようになっている。現在、リゾートに対する考え方や意見がまとまりにくい背景には、それがわが国にとっては〝新しい事柄〟であって、具体的な展開が始まりつつある時期であることを考えれば当然のことであるといってもよいものであろう。大切なことは、それぞれの立場・観点から問題点とされているものを整理し、それを解決するための課題を明らかにすることであり、〝百家争鳴〟の状態に止めてはならないということなのである。前記したように。筆者は、開発論や計画論の専門的観点からリゾート一般について論じる立場ではないが、私の考えるリゾートの問題と課題について、以下その要点を述べてみたい。

「リゾート」のもつ〝行動的な意味〟

逗留・滞在・保養といった一連の人間行動に対応した〝空間〟を意味するものとしての「リゾート」という言葉には、十分な合意はないとしても、その意味・内容については、現在でもかなり共通性のあるイメージがある。利用されることの多い季節の面に焦点をあてた「サマーリゾート」「ウインターリゾート」、また、空間そのものの立地上の特性を強調したものとしての「海浜リゾート」「高原リゾート」などの言葉は広く一般に用いられている。

これらの「リゾート」という言葉からまず連想されることは、休むことや楽しむことなどを求めて、一時的に滞在する〝場所〟であるということであるが、一時的に滞在する〝期間の長さ〟になんらかの条件を加えないとすると、観光行動一般の〝行先地〟との区別が曖昧なものとなってきてしまう。そこで、単なる〝場所〟としてではなく、そこを訪れる人間の行動目的による条件を加味して整理することが必要とされるのであり、この条件を加えることによって、「リゾート」を、「その場所（及び周辺地）で保養や活動を含む生活を一時的に営むことが来訪する主たる理由となっている空間」として理解することが適当なのである。このように「リゾート」は、空間利用の目的区分に基づく概念であるとともに、行動目的区分による概念でもあるのであり、リゾートに赴く・リゾートで過ごすという〝行動そのもの〟は、観光行動を「自由に使うことのできる時間を利用して、自分の意思で、他の土地へ一時的に赴くこと」と広くとらえる立場からいうと、観光行動の一つの形態であると解することができるのである。

◆〝リゾート指向〟と〝リゾート利用〟

（広義の）観光行動を、人間が観光に期待するものという観点から分類すると、「知識や見聞を求めて他地へ赴くタイプ」と「安らぎ・寛ぎを求めて〝適当と思われる場所〟へ一時的に赴くタイプ」とに二大別することができる。この区分は、実際の行動区分というよりも、人間が日常生活を一時的に離れようとする心理的エネルギーの方向性に基づくものであるが、一般に用いられている観光行動類型の周遊型・滞在型にも一応対応したものとなっている。

この内の「安らぎ・寛ぎを求めて〝適当と思われる場所〟へ一時的に赴くタイプ」は、リゾートに結びつくものである。しかし、注意する必要があるのは、期待・希望としての〝リゾート指向〟と実際の〝リゾート利用〟との間にはギャップがあるということである。

いうまでもなく、実際の行動はそれが可能となる条件との関係において成立するのであり、希望はあったとしても必要な条件が整わなければ現実のものとはなりえない。時間・費用などの個人的条件に加えて、交通条件や生活慣習をはじめとする社会的諸条件の影響下にある観光行動の場合には、現実的な条件に適合する形に期待・希望そのものが〝変容する〟こともおこるのである。

よくいわれることであるが、わが国の場合はヨーロッパ諸国とは地理的条件が異なるため（太陽に接しうる時期が違うこと）、長期バカンスが発達しにくいという意見には一理あるが、フランスのバカンスの一般化のきっかけとなっているのが一九三六年にすべての労働者に年間二週間の休暇を保障した「マティニョン協定」であったことを理解すれば、その意見が説得性のあるものではないことも明らかなのである。

現在、ヨーロッパでは観光（＝楽しみを目的とした旅行の意）を期間によって区分し、三日以内を

「ショートステイ（短期旅行）」、四日以上を「ホリデー（休暇旅行）」と称するのが一般的であって、この内の「ホリデー」が「リゾート」に対応しているわけである。しかし、もとよりこのような日数区分などは旅行を現実に可能とする条件との関係においてつくられてきたもので、すでにドイツは「リゾート（利用者）」の条件を五日以上の連続滞在者に改めている。

滞在日数が何日以上でなければリゾート（利用）とはいえないといったことを、あたかも本質的な事柄であるかのように取り上げることは、「観光」と「リゾート」との形式的・外面的な違いを論議すること同様に意味のないことであるといわざるをえないのである。

問題とすべきことは、第一に、日本人の〝リゾート志向〟の内容と将来の方向性とを分析すること、第二は、〝志向〟と〝実際（利用）〟とのギャップをつくりだしている条件を整理したうえで、それらの改善・是正のために必要とされる短期的ならびに長期的方策を明らかにすることなのである。

◆課題としての〝リゾート能力の充実〟

「リゾート」を余暇利用の、そして観光行動の一つの形態としてとらえる立場からみると、欧米型の〝リゾート・ライフ〟が近い将来において一般化するといった〝楽観論〟が成立する根拠は全くないといってもよい。それは、十分なリゾート・ライフを過ごすためにまず必要とされる〝まとまった余暇〟が不足しているという理由からではなく、リゾート・ライフを過ごすために必要な知識・経験を有している人びとが現在はごくごく限られているという状況に基いた判断なのである。

そこで求めるもの何であるにせよ、リゾートで生活するにあたって基本的に求められるものは、自分の時間と行動とを自分自身で設計し、責任をもって自己管理することである。自分の楽しみかたは自分で決めるのであり、それが充実したものであったか否かも自分自身で判定するという考えかたが必要なのである。もしも、他者（関連企業など）に依存する形で、相手側の設計に従って楽にリゾート・ライフを楽しもうとするのであれば、それは当然のこととして多くの出費を必要とすることになり、経済的負担の面からも〝短期・集中型〟になりやすいであろう。

日本人は伝統的にそれぞれの地域・職場などの〝仲間たち〟と一緒に行動してきたために、その行動は相互に依存的であり、それは生活における意思決定からレジャー活動にまで及んでいるといってよい。日本の観光行動の一つの特徴でもある団体旅行においては、プランをつくり準備し、運営にあたる〝幹事〟以外の人びとは、ただ〝参加するだけ〟でよいのであり、用意された楽しみが与えられるのを待っているのである。そしてさらに、個人的な注文を出さないことが好ましいとも考えられている傾向がある。

わが国におけるリゾート地整備と運営にあたっては、日本人の〝リゾート能力〟を考えることが必要である。少なくとも短期的には、〝他者依存派〟が中心であり、その一方には〝自己設計〟を求める人びともいるという構図なのである。そこにはそれぞれ異なる期待があるが、現在の主体である〝他者依存派〟の依存の度合（＝相手側が自分の望むものを提供することを求める度合）は、次第にエスカレートする傾向をみせている。このような他者依存型のニーズに応えていくことそのものは個々の事業経営の問題でもあり、一概に適否を論じがたいが、リゾートの大衆化あるいは国民生活とリゾートといった問題のとらえかたとは明らかに違った方向のものである。現在各地で計画されている「リゾート」が、日本人の〝リゾート能力〟を現状のままであることを前提として、〝金銭消費型〟の拡大とエスカレートのみを目指すならば、大きな禍根を残すものとなるであろう。

問題とすべきは、日本人の〝リゾート能力〟はどうあるべきかについての論議を展開することであり、〝リゾート能力〟の向上には何が必要かを明らかにすることである。〝高齢化社会〟の本格的到来をひかえて、これからの社会を活気のあるものとするためにもこの問題は大きな意味をもっている。

この問題はただ単に〝自己設計派〟が増加し、〝他者依存派〟が減少すればよいということとは違う。より多くの人びとが快適にリゾート・ライフを過ごすことができるための〝行動主体側の条件〟を探すことが課題なのである。日本の生活文化的条件をふまえた〝新しいタイプの相互依存型〟の誕生が期待されるかもしれない。この意味で用いられるならば、「日本型リゾート」という言葉も十分に存在価値がありうるのである。

（一九八九年九月稿）

「農村滞在型ツーリズム」の問題点

ブームのメカニズム

わが国ではさまざまな分野において、〝コトバ〟や〝考え方〟、さらにそれらを具体化するための活動が急速に広がりをみせる傾向があり、その多くは、何時とはなしに人々の話題とはならなくなってしまう。

このような社会現象は一般に「ブーム」と称されているが、大衆が主役を演じるようになった近代以降の社会に固有の現象ではなく、人間社会の歴史とともにみられるものである。もちろん、マス・コミュニケーション手段が飛躍的に発達した現代社会においては、短期間に膨大な情報が社会の各層にまで伝達されるため、ブームの規模は大きなものとなる。その一方、新しい情報が次々と送り出されることによって、情報の陳腐化も激しくなっており、ブームが発生してから収束（消滅）するまでのライフサイクルは短縮化が顕著である。

観光分野においても、過去から現在までに、さまざまなブームが繰り返えされてきた。一九八〇年代後半から九〇年代初めにかけて各地方中核都市を会場として相次いで開催された「博覧会」、一九八〇年代後半からさまざまな企業が参画することによって、現在に至るまで全国各地で展開されている「テーマパーク」は、その代表的なものである。博覧会ブームは完全に収束し、雨後の筍さながらに開業したテーマパークにおいては、莫大な追加投資を継続的に行って新鮮さを維持し、優れた実績をあげている企業があるものの、全体的に低落傾向にあり、前途多難状況にある事業も少なくない。観光分野における最大かつ最悪なブームが、一九八〇年代後半から九〇年代初めまでのごく短期間に、日本各地ひいては諸外国にまでその影響が生じた〝リゾートブーム〟である。

一般にブームは、不透明・不確定な先行きに対する人びとの〝漠然とした不安〟を社会的背景として、それを利用することによる収益活動を意図する事業者の投資と誘導の適否によって成立する。その意味では、ブームの背後には、その時代・社会に生きる人びとの、なんらかの欲求があることは事実であり、リゾートブームとそれに伴う社会的混乱の原因のすべてをデベロッパーをはじめとする事業者側に求めるのは適当とはいえない。

そして、ブームの成立には、需要と供給にかかわる条件以外に、媒介的・間接的な要因が作用している。それは情報・知識であり、マスコミを通して伝えられる世論動向、さらに行政や学識者の活動も影響する。ブームは先行きが不透明な状態において生じるものであるだけに、社会の動向と人びとの潜在的願望を察知して先端的事業者が提唱した〝新しい活動〟あるいは〝新しいライフスタイル〟に対する評価は、初期段階では確立されていない。そして、考え方や活動の意味と価値との論評・解説が活発に行われ、考え方や活動を支持する関係施策が政策に採り入れられたりすることによって、社会的に一定の位置を占め、ある程度の継続性と広がりを有するブームとしてオーソライズされることになる。

忘れてはならないのは、ブームとしてつくりだされた事象は、やがて消滅あるいは収束してしまうということである。もちろん、生活慣習領域では、ブームとして始まったものが少しずつ形を変えながら定着化へと向かったという例もある。しかし、楽しみを求めて非日常生活圏へと赴く行動である観光におけるブームは、〝新鮮さ〟〝時代性〟を失った時に去る運命にあるものと考えなければならないのである。

◆「農村滞在型ツーリズム」のブーム化に対する危惧

近年、観光の国際的な広がりの中で、著名な観光対象を結ぶルート上を移動する〝伝統的な観光行動〟に対する批判がさまざまな角度からなされるようになり、それらに代わる〝新しい観光のあり方〟をめぐる論議が盛んになされている。

農村を観光対象地として位置づけようとすること、あるいは農家を主役として観光事業を展開することなどもその一環であり、アグリ・ツーリズム、ファーム・ツーリズム、ルーラル・ツーリズム、グリーン・ツーリズムなどさまざまな名称が用いられている。しかし、それぞれがどのように異なっているのかは必ずしも明らかにされてはいない。重要なのは、このような〝農村型ツーリズム〟は、利用者（観光者）側からの論理によって把握する場合と、提供者（農家）側からの論理による場合とでは基本的に異なっている点である。

観光者側からみた〝農村型ツーリズム〟は、日常生活では味わうことができなくなった自然と調和のある生活環境に一時的にせよふれられるという期待があり、自然と共生することの大切さを学ぶことのできる機会として評価する人びともいるであろう。しかしそれは、基本的には観光者の観光行動における〝選択範囲の拡大〟を意味しているのであり、さらに特別な価値を与えるか否かは個々人の評価問題である。筆者は、観光行動学を専門とする立場から、観光行動に広がりを与えるという意味において、〝農村型ツーリズム〟を支持するが、それと、「農村滞在型ツーリズム」に対する評価とは次元の異なる問題である。「農村滞在型」は、〝農村型ツーリズム〟の中の具体的な行動形態であり、それが人びとから広く支持される段階にあるとは考え難い。重要なのは〝農村型ツーリズム〟のイメージを多様なものとし、観光における農村活用の方法を多側面から探ってみることである。

一方において、農家側からみた〝農村型ツーリズム〟の主要課題は、農家の経済的自立と農業の継続的発展を図るために、都市部に居住している人びとを観光者として受入れ、さらには農村の良き理解者をつくることである。そして、このような課題に対する実践的取組みは、〝農村型ツーリズム〟

といった言葉が用いられる以前から、各地の有志が試みてきている。農家が採りうる方法・手段には、観光者の誘致以外にも、多角化・共同化・他事業への進出などがありうるのであり、観光事業の展開は有力なものであるとしても、〝一つの選択肢〟なのである。そしてもしも、農家が観光者を受入れるならば、観光者が求める〝快適性の論理〟と、農村のもつ〝現実性の論理〟との融合をいかに図るかが最大の経営課題となってくる。そのための知識と技術の伝達を、誰が・いかに行うかは、農家側からみた発展の鍵を握っている。

〝農村型ツーリズム〟の展開においては、基本的に異なる立場、異なる論理があることをまず理解しなければならない。観光において農村をより活用することは、観光者にとっても、農家側にとっても大きな意味をもっている。それは今後、課題に少しずつ対応しなから継続的に進める性格のものであり、ブームにしてはならないのである。〝都市居住者の自然志向に対応した新しい観光のスタイル〟といった表面的な論評は否定されるべきであり、農村と農業に対する興味と理解を深めるための〝持続的なもの〟としてとらえることが肝要なのである。

（一九九七年十一月稿）

V　韓国の観光とサービス

「キムチ」の社会学

——もっと韓国を理解するために——

◆韓国の大統領選挙と「キムチ」

昨年十二月（注：一九九六年のこと）に行われた韓国の大統領選挙に対する関心は大変なものであった。韓国国民のフィバーぶり、各地方での流血騒ぎまでを伴った選挙戦の様子が、連日テレビニュースや新聞に大きく取上げられたことは記憶に新しい。結果は大方の〝予想通り〟に与党民正党の盧泰愚氏が第十三代大統領として選出されたわけであるが、どの候補者が有利か、誰が最も望ましいかということに対する韓国国民の関心の高さはわれわれ日本人の想像をはるかに超えたものであった。私の研究室で観光論の研究に励んでいる韓国人学生の話によると、選挙応援に馳せ参じるため、一時帰国をした留学生もいたということであった。

私は一九七一年以来、韓国には二〇回以上赴いている。講演・講義・調査・学会参加などが主たる目的であるので回数的には多いとはいえないが、（教え子をはじめとする）学校関係者だけではなく、広い層にわたる友人・知人がおり、ソウルやいくつかの都市には顔馴染みの〝飲み屋〟もある。

そんな知合いの中の何人かに、投票日を二・三週間後にひかえていた昨年の十一月下旬から十二月初旬に会う機会があった。彼等との話の中に必ず登場したのは大統領選挙に関することであり、私の〝予想〟も求められたが、この質問に対しては、「キムチを自分の家庭では漬けない人達が大統領を、そしてこれからの韓国を決めるのではないだろうか」という私見を述べたものである。

その意味はこういうことである。

「キムチ」は最近では日本でも人気のある食物となってきているが、韓国における「キムチ」は単なる漬物ではなく、さまざまな種類と用途とをもつ民族的な総合食物である。そして、各地方によって、各家庭によって、製法等もそれぞれ微妙に違い、〝手作り〟を基本としてきたものである。しかしながら、〝商品として販売されるキムチ〟が最近では急速に増大してきているのである。工業化によって韓国の都市化が進んだが、とともにサービス化も急激に進展し、その相乗効果によって都市とくに大都市部への人口集中は拍車がかかったといえよう。

よく知られているように首都ソウル地区には人口の¼が集まっており、ソウルの新興住宅地域のひとつである江南地区には高級高層アパートが林立しており、他の都市でもアパート住宅は急増しつつある。そして、これらの新しいタイプの住宅には、手作りの「キムチ」を漬けて貯蔵する「かめ（トク）」を置く適当がスペースが設けられていない。

都市部に居住し、それぞれの地方・家庭の伝統的生活様式とは（少なくとも日常的には）異なった生活を営み、消費者として、提供されている商品の中から好ましいと思われるものを選択して購入する人びとが、何を希望し、誰を選ぶかがカギをにぎっているということなのである。そしてまた、生活に必要なものがすべて商品として提供されており、その中から適当と思うものを自由に選択できる社会（＝大衆消費社会）の成立が背景にはある。現在、韓国のデパートの食品売場で見ることのできる「キムチ」の種類は驚くほどの数であり、今から一〇年前には全くといってもよいほど見られなかった光景なのである。

◆「キムジャンキムチ」から「商品キムチ」まで

貯蔵用に漬け込んだキムチが「キムジャンキムチ」である。地方によってその時期が若干異なっているが秋の終わる頃、各家庭の主婦達は一斉にキムチ漬けを始める。これはキムジャンチョル（キムチ漬け季節）と呼ばれ、その由来は古く李朝初期（一四世紀末）にまで遡る。韓国のキムチ漬けは長い歴史のあるものであるが、中に入れるものや味付けは時代とともに変化していったもののようで、韓国料理といえばすぐに連想することの多いトウガラシは、実は一六世紀以降に日本から移入されたものであるというのが定説となっている。

さて、このような伝統的キムジャンキムチは現在も健在ではあるが、前述したように「商品キムチ」が急速に普及するようになってきているのが実状である。

本格的な「商品キムチ」の登場はベトナム戦争と密接な関係がある。

韓国はアメリカ政府の要請を受けて一九七〇年秋から約一年間にわたってベトナムに軍隊を派遣したが、その時に開発されたのが缶詰キムチであり、これが「商品キムチ」の元祖とされている。その後、海外に生活する韓国人を対象としたものがまず製造されるようになり、次第に国内市場も広がっていった。先に述べたようなアパート生活者の増大は、核家族化とも関係しており、大量のキムチを一度に漬ける必要性が弱まるとともに、手間のかかる仕事を省く傾向と結びついたものと思われる。さらに、都市化の進行に伴う「加工食品」への馴れも影響しているものと考えられる。

現在では、ソウルには商品キムチの工場が三〇余ケ所もあり、この他に外国人観光客を対象とした工場と販売所も何か所もある。韓国全土で企業として成立しているところは約五〇社程度と推定されており、中には日本をはじめ外国に製造工場を有している大企業も存在している（余談であるが、電話で注文するとソウルから〝壺入り本格的工場製キムチ〟を空輸してくれる韓国企業の東京事務所もある）。

では、キムチは「手作りキムチ」と「工場製（商品）キムチ」とに区分されてしまうのかというと実はそうではなく、その中間にさまざまな形態が存在している。家永泰光と韓国の盧宇炯（ロ・ウ・ヒョン）とが『キムチ文化と風土』という共著を昨年末に発表しているが、著者らはその中で〝移り変わるキムジャンの新しい風俗〟としていくつかのパターンを紹介している。

その一つは、力のいる仕事である塩ふりまでが終っている白菜を購入して、その後を自分ですると いう〝半製品キムジャン〟である。また、粉末になっている〝キムチの素〟を用いて手軽に行うといった〝インスタント型〟も登場している。これらは、自分での漬け込みを楽にする方法であるが、自家用のキムチを代って漬けてもらうという〝注文キムジャン〟があり、各家庭に出張して代行してくれるキムジャン専門調理師派遣というサービス業までが現れ話題となっているということである。ここには、簡便志向を基調としながらも、伝統の味を求めようとする韓国国民の心情の一端が示されているように思われる。

むすび

韓国は〝近くて遠い国〟といわれてきた。

最近では、〝韓国ブーム〟といわれるほどにテレビや雑誌などが取り上げるようになっており、とくにキムチをはじめとする韓国の食物・食事に対する関心はきわめて高くなってきている。しかし、表面だけではなく、もう一歩踏込んで〝生活そのもの〟に目を向けるならばもっともっと新しい発見ができるのであり、その国と人びとを理解することにもつながるのである。

(一九八七年十二月稿)

韓国の高速道路を走る

◆釜山から通度寺へ

一九八六年十一月初めの日曜日、釜山から高速道路を利用して乗用車で慶州・大邱へと向かった。以前から依頼されていたいくつかの大学での講演を行うために、大学の秋休みを利用した訪韓の途路である。

韓国は高速道路がよく整備されていることで知られている国の一つである。鉄道が十分発達しないままに現代を迎えたという〝歴史的事情〟があり、全国の交通ネットワークは自動車交通の時代から始まっているといってもよく、国民大衆の国内交通の主要手段は高速バスなのである。

釜山から約三〇km程で、通度寺（トンドサ）に到着する。ここは、海印寺（ヘインサ）、松広寺（ソングァンサ）とともに韓国三大古刹の一つである。一、三〇〇年前の開山という巨刹で、本尊仏がないかわりに釈迦の生身舎利が奉安されている。当日は快晴の日曜日とあって車での来訪者も多く、寺院横にある駐車場は一杯である。韓国のモータリゼーションが順調に発展していることを改めて感じさせられる。

門から本堂までの長い道にそった河原は絶好の野外宴会場となっており、食べ物・飲物そしてラジカセまでを持ち込んだ人びとがあちこちで輪を作って、飲めや歌えやの〝野遊〟を行っている。まさに、韓国式マス・レジャーの一端を見る思いである。ところで、食べ物・飲物を持ち込むことによって発生する「ゴミ」が問題となっているようで、後でソウルで会った観光行政担当者によると、飲食物の持ち込みを制限すべきだという意見もあるとであった。私は、これは民俗的文化の問題でもあるのだから、現地でのゴミ収集への協力をもっと求めることなどによって解決すべき問題ではないかとの私見を述べておいた。

◆高速道路のSA（サービスエリア）

通度寺からさらに約一〇km、起点である釜山から四〇kmの地点に「彦陽（オニャン）SA」がある。ここは、釜山から首都ソウルまで約四三〇kmのソウル・釜山間高速道路上り線最初の、下り線では最後のSAである（日本と同様にSAは上り線・下り線で分離されている）。

彦陽SAに到着したのは丁度昼頃であったが利用客は少なく、日本ではまず見ることができないような閑散とした状況であったが施設はよく整備され、また清掃もよく行われており、各所に花が飾られていた。スナックコーナーで売られているものは日本のSA・PAとほとんど同じであったが、

「おでん」を扱っているのが目につき、尋ねてみると季節柄か売れ筋だそうである。日本と違うのはレストランの入り口が独立していることで、立派な構えになっており、一寸改まった感じて落ち着いて食事を楽しむ場所といった雰囲気を持っている。さらに、レストラン部分は韓式と洋式との二つに分かれており、韓式食堂では韓定食や焼肉定食を食べることができる。

高速道路SAにあるレストランにはすべて韓式と洋式の二つがあり、さらに日式（日本スタイルの食堂、一般に一品ずつ注文できる形式を日式と呼んでいる）を加えて三種類ある所もある。このように、やや高級なレストランであるため、利用者はあまり多いとはいえず、彦陽SAの場合は一日平均が八五〇名程度ということである。

彦陽から二八㎞程で古都慶州に着く。慶州からさらに約五〇㎞、大邱の手前二七㎞の所に上り線上で二番目の「慶山（キョンサン）SA」がある。彦陽SAとの間隔がやや長く、この中間にもう一か所設置すべきではないかと感じる。

慶山SAの施設等は彦陽と基本的に同様であるが、スナックコーナーの前にテーブルと椅子が並べられており、そこで軽い食べ物をとる人達が多く見受けられたが、ここでの人気商品も「おでん」であった。レストランの作りなども同様で、一日平均利用客は約四〇〇名ということである（なお、彦陽と慶山のSAは上下線とも同一企業が経営している）。

◆SAのサービスにもお国ぶり

韓国のSAを見て感心させられたり、参考になることも多々あるが、利用密度、利用の仕方が国々によって異なっていることも十分理解しておかなければならない。しかし、利用者の便を図り、利用者に満足してもらうために努力することが何よりも大切、という点においては共通する点が多いといえよう。

（一九八六年十二月稿）

韓国観光産業の歩みと特徴

一　観光産業発展の経緯

観光は、「国民の国内観光」と「国民の外国観光」「外国人の自国への観光」という三つのタイプから構成されている。現在、多くの先進諸国においては、これら三タイプの観光がみられることは周知のことであるが、それらは最初から同時に始まったのではなく、成立過程にはさまざまなパターンがある。

西ヨーロッパ諸国は〝双方向の国際観光〟すなわち国民の外国観光と外国人の自国への観光とが同時に起こっている点に大きな特徴があるのに対して、北アメリカの場合は新大陸で成功をした人びとがかっての母国であるヨーロッパを訪問するようになったのが始まりである。また日本は〝島国〟という地理的条件もあって、国民大衆による国内旅行の長い歴史をもっている。そして日本では、日本人客を対象として宿泊施設や観光施設が充分に整備された後に、アジア諸国からの来訪者をはじめとする外国人を迎え入れる体制づくりを進めつつある状態にある。

これらの国々に対して、韓国における近代観光は「外国人の自国への観光（国際観光客の受け入れ)」からスタートしており、一九八〇年代初めまでは、観光＝外国人観光客を受け入れることであったといってもよい状態がみられた。

一四世紀末から約五〇〇年続いた朝鮮王朝時代には、貴族とその子弟や詩人・文人などの一部の人びとによる〝自由意志に基づく国内旅行〟もみられるものの、一般大衆とはほとんど無縁のものであった。韓国は一九世紀末に諸外国に門戸を開き、それに伴って外国文化の影響もあって、修学旅行などの新しい旅行形態が導入されるようになり、さらに日本の植民地として支配された時代には、鉄道の発達によって宿泊施設が主要鉄道駅近辺につくられるようになった。

しかし、一九五〇年代から七〇年代にかけての韓国社会は、独立後まもなく勃発した朝鮮戦争による荒廃からの復旧にその努力を傾注せざるをえないこととなる。この時期に登場したのが韓国に駐屯していた国連軍将兵の休養施設の整備と提供であり、外国人のみを対象とした形で近代観光産業がスタートしたのである。

この時期から一九七〇年代末まで、韓国では宿泊業・旅行業はもとより、観光機関なども外国人観光客受け入れを中心に展開されたが、一九六五年に日本との国交正常化によって大勢の日本人観光客が訪れるようになり、観光産業は外貨獲得に大きく貢献した。外国人観光客を主たる対象としたために、韓国における観光施設整備は当初から〝国際水準〟を強く意識して行われ、観光事業に従事する人びとはまず語学力(当初は英語と日本語)が重視されたのであり、この点では、自国民を主たる対象として観光事業を展開してきた日本とは基本的に異なっている。

二　「国民観光時代」への移行

観光が来訪外国人主体のものから、一般韓国国民が参加するものとなったのは一九八〇年代に入ってからのことである。

韓国社会において、一般国民が〝余暇を楽しむ〟という意識をもつきっかけとなったのは、近代化をめぐる論議が急速に高まった一八九四年のいわゆる「甲午更張（革新）」であるとされているが、実際に余暇への関心が広がるのはかなり後のことである。

韓国は一九七〇年代後半からの急速な経済発展によって、国民所得は継続的に向上し、それとともに生活とくに余暇に対する意識も次第に変化するようになった。こうした社会の状況変化に対応して、一九八一年からは人びとの外出行動を大きく規制していた外出禁止令を廃止し、同時にプロ野球リーグを創設するなど、余暇を楽しむ基本的条件が整備されるようになった。

そして一九八三年を皮切りに、国民の外国旅行を段階的に自由化し、このような措置に対応して韓国観光行政の実務統括機関である「韓国国際観光公社」は、名称から〝国際〟の言葉を削除し、外国人観光客誘致だけではなく、国民の国内観光と国民の外国観光を併せて支援するという姿勢を明らかにした。

このように、韓国は経済面を中心とした大衆消費社会への到達に引き続くように、時間と意識面の影響が強い大衆余暇社会を迎えており、それを背景に両者の相乗作用によって、観光の大衆化が急速に進行してきたのである。国内観光の増大により、ホテル等においては〝需要の国内化〟が急速に進んでおり、国民を対象とした観光事業が活発に展開されるようになっている。

国民の外国旅行は、前記したように一九八三年から徐々に制限が撤廃されてきたが、八〇年代後半のさらなる経済発展を背景に、「ソウル・オリンピック」が開催された翌年の一九八九年に完全自由化された。自由化後、外国に旅行する人は、年を追って増加し、日本をはじめとする近隣諸国の観光産業は〝有力市場〟として韓国人の旅行動向に熱いまなざしを送るようになったが、外国旅行者の急増に伴い、近代観光産業スタート時期から黒字基調を継続してきた観光収支は九一年以降は赤字状態となっている。

三　観光産業の特徴と最近の動き

韓国の観光産業は、このように短期間の間に量的・質的の両面において大きな発展をとげてきた。観光事業スタート以来の来訪外国人客を対象とした高級ホテル業と、遅れてその後に展開されるようになった国民一般を対象とする観光施設などの観光事業との間には経営基盤や水準にかなりの差異があり、歪みと偏りがさまざまな面にみられる。しかし同時にこのことは、韓国の観光産業の大きな特徴なのである。

前記したように、一九七〇年代までの韓国は、経済発展が最重要国家目標であり、観光産業においても外貨獲得による経済発展への寄与が大きな役割となっていた。そのため、消費対象としての施設が必要不可欠であり、外国人客向け観光関係施設、とくにホテルの大型化と高級化が促進されたのである。政府は、外国人客を対象とした宿泊施設の量的・質的な水準向上を図るために、すでに一九六二年に観光客に接遇する業務に従事するために語学力をはじめ一定の条件を課した「資格制度」を導入し、次いで六八年にはホテルを客室数・施設・サービス体制などによってランク付けする「ホテル等級制度」を導入している。

このように一連の措置によって、韓国の高級ホテル（とくに首都ソウルのホテル）は、一般国民の生活水準が大衆消費社会段階以前に、すでに〝国際的水準〟に到達していた。そして、これらの高級ホテルを建設し、運営にあたったのは大手財閥企業である。韓国においては、菓子類の製造販売によって急成長をとげたロッテグループのような新しい財閥だけではなく、重工業・建設などの生産財部門を基幹事業とする大手財閥までが挙って観光産業とくにホテル業に直接に参画している。さらに国民観光が活発化しだした一九九〇年代半ば以降には、これら大手財閥は、国内各所のリゾート開発やテーマパーク建設にも積極的に取り組みだしている。

このように、資金力・経営力を有し、さらに社会動向や政府施策に関する情報を入手しやすい立場にある大手財閥グループが観光産業と密接なかかわりをもっている点に韓国観光産業の最大の特徴があり、成長の源ともなっている。

しかしこのことが、過度な競争を生じさせたり、ブームとその反動としての衰退など、不安定要素を内包していることも否定できないのであって、さらに、高級ホテルだけではなく主要観光施設の多くを、ビジネスチャンスの高い首都ソウルに集中させ、地域格差をさらに拡大させる結果を生んでいるということも指摘される。

ソウルは六〇〇年の長い歴史のある都であり、朝鮮王朝時代以来の中央集権的統治によって、政治・経済・文化のあらゆるの面での活動が首都中心に行われてきたため、韓国を訪れる外国人の活動もソウル圏内で行われやすく、ホテルをはじめ観光関連施設はさらにソウルに集中させることになっている。

一九九四年から始まった地方自治制によって、各地方が観光客の誘致に積極的に取り組むようになりつつある。今後はさらに多くの地方がその競争に参加するようになると考えられるが、地方財政自立度が低く、情報収集・計画立案能力が不足している現状からみると、大手財閥グループをはじめとする民間資本に頼らざるをえないのであり、前記した各所のリゾート開発やテーマパーク建設はこうした状況を反映したものである。

国民観光活性化は、韓国の観光事業にいくつかの〝新しい動き〟をもたらしつつある。韓国においてはホテルをはじめとする観光施設が〝過度に欧米化している〟という批判もみられたが、観光産業の主たる対象が外来観光客にあったことだけではなく、国内市場を対象とした観光事業が脆弱であったことにも理由があったと考えられる。

今後は、観光施設とサービスにおいて韓国的特徴をより生かすことが求められており、すでに、宿泊施設においては家族旅行の増加に対応した「家族ホテル」が誕生し、韓国文化を再現した文化施設や各地の伝統的民俗祝祭の観光対象化も盛んに行われている。また、骨董品や書画などで知られるソウル・仁寺洞が、文化商品・伝統飲食物の拠点として若者の人気を集めるようになっているなど、さまざまな面に〝新しい風〟がみられるのである。

（二〇〇〇年二月稿）

済州島の観光事業

一　観光地としての済州島

「瀛州」あるいは「耽羅」の名称によって古い史書や地誌に紹介されてきた済州島は、独特な自然を背景とする神話と伝説の宝庫として知られていたが、観光地として済州島が注目されるようになったのは一九六〇年代後半以後のことであるといってよい。それ以前にも、自然観賞、ハンティングや釣りなどを目的として訪れる韓国本土からの観光客もおり、宿泊業・飲食業も存在していたが、来島者数は限られており、済州島全体が優れた観光地であり、観光が島の発展を担うといった認識はなされてはいなかった。

しかし一九六〇年代半ばになると、政治の安定と経済発展を背景として、韓国全土での開発事業が始まり、それが済州島にも及んでくるとともに観光事業に対する期待が高まってきた。

まず、経済活動とくに観光事業の基盤となる島内交通にかかわるものとして、道都である済州市と島内のもう一つの拠点である西浦邑（一九八一年に西帰浦市に昇格）とを結ぶ漢拏第一横断が拡張・舗装され、大型客船、定期航空便が就航するなど本土との交通手段が整備された。

そして一九六五年、済州道庁に観光運輸課が設置されたのを契機として、観光事業への取組みが本格化し、観光事業振興法に基づいて、地域観光事業を体系化するとともに韓国では最初の公認ガイド制度を定めた。

一九六九年になると済州・釜山・大阪を結ぶ国際航空路線が開かれることにより、観光客数は飛躍的に伸び、一九六〇年には一万人にも満たなかった来島客が、この年には一九万人余りに増加している。なお、一九六五年の日本との国交正常化によって、日本からの観光客も少しずつ訪れるようにはなったが、この段階では外国への旅行者そのものがごく少数であって、韓国への日本人旅行者が増大するのは一九七三年以降である。

一九七〇年代に入ると、済州島における観光開発はさらに積極的に展開されるようになる。まず七一年に、龍淵、万丈窟鍾乳洞、安徳渓谷、正房瀑布、天帝瀑布の五つの地区が国の指定観光地となり、七三年には最初の総合観光開発計画が確立され、国際的観光地へと発展するための青写真が示された。同年には中型ジェット機が定期就航するようになり、翌年に済州市に一八階建てカジノを備えたKALホテルが開業し、ファックスや電話自動化などの島内の情報インフラも整いだした。

さらに七八年になると、済州と釜山・木浦・麗水それぞれとの間にカーフェリーと高速艇が定期就航するようになり、この時期から、海水浴場として知られていた西帰浦市西部の中文地区を複合観光団地として整備する開発事業が始まり、一方、島都済州市では南西部「新済州」と称される市街地建設に着手した。この間、一九七一年に三〇万人を突破した来島観光客は順調に増加を続け、七七年に五〇万人、七九年に七〇万人（内外国人三万二千人）に達し、済州島は観光地として広く理解されるようになった。

二　済州島の観光対象

済州島は周知のように標高一九五〇メートルの漢拏山を中心とした横長楕円形の島であり、島北部中央に島都済州市が、対極に位置する島南部中央に西帰浦市が位置しており、二つ市を結ぶ形で島西部・島東部（ともに中央の市を挟んで北済州郡・南済州郡から構成される）の四つの地域に区分される。

観光行動の対象となるものを総称する観光対象は、観光資源と観光施設との組合わせによって成り立っており、観光資源は景勝・絶景と評される山・海・滝などの自然資源と、人間の歴史的資産であるさまざまな人文資源とから構成されている。観光資源は基本的に〝限られた資源〟であり、多くの人々が観光に参加することができる時代においては、とくに資源の保全と保護が重要な課題となっている。これに対して、人びとの欲求や期待に対応し、保養・休養・娯楽に適したさまざまな〝楽しみのための施設〟が作られており、それらの総称が観光施設である。

表：ガイドブック等に紹介される観光対象の変遷

（○＝紹介あり、△＝付属地図にのみ記載、＊＝すべてが紹介のもの）

地区	資源種類	名称	資料①(1979)	資料②(1981)	資料③(1987)	資料④(1994)	資料⑤(2000)
済州市	自然資源	＊竜頭岩	○	○	○	○	○
済州市	自然資源	紗羅峰	○	○	－	－	－
済州市	文化資源	五賢壇	○	○	－	－	－
済州市	文化資源	観徳亭	○	－	○	○	○
済州市	文化資源	三姓穴	○	○	○	○	△
済州市	文化施設	耽羅木石苑	○	－	○	○	○
済州市	文化施設	済州民俗博物館	○	△	○	○	△
済州市	文化施設	民俗自然史博物館	－	－	－	○	－
済州市	文化施設	済州民俗観光タウン	－	－	－	－	○
島西部	自然資源	＊挟才窟	○	○	○	○	○
島西部	自然資源	節婦岩	○	－	－	－	△
島西部	文化資源	＊山房窟寺	○	○	○	○	○
島西部	史跡（記念碑）	抗蒙殉義碑	－	－	○	○	－
島西部	史跡（記念碑）	ハーメル記念碑	－	－	○	－	－
島西部	文化施設	済州彫刻公園	－	－	○	○	○
島西部	文化施設	済州盆栽芸術苑	－	－	－	－	○
島西部	文化施設	新天地美術館	－	－	－	－	○
島西部	娯楽施設	済州競馬場	－	－	－	○	△
西帰浦	自然資源	正房瀑布	○	○	○	－	○
西帰浦	自然資源	＊天地淵瀑布	○	○	○	○	○
西帰浦	自然資源	＊天帝淵瀑布	○	○	○	○	○
西帰浦	自然資源	孤石浦	○	○	－	○	○
西帰浦	娯楽施設	中文観光漁村	－	－	－	○	○
西帰浦	娯楽施設	パシフィックランド	－	－	－	－	○
西帰浦	娯楽施設	済州観光植物園	－	－	－	－	○
西帰浦	娯楽施設	トンネコ国民観光地	－	－	－	－	○
島東部	自然資源	金寧蛇窟	○	○	－	○	△
島東部	自然資源	＊万丈窟	○	○	○	○	○
島東部	自然資源	榧林自生地	○	－	○	－	○
島東部	自然資源	＊城山日出峰	○	○	○	○	○
島東部	自然資源	山君不離（火口）	－	－	－	○	○
島東部	文化施設	済州民俗村	－	－	○	○	○
島東部	文化施設	城邑民俗村	－	－	－	○	○
島東部	娯楽施設	大侑狩猟場	－	－	－	－	○
島東部	娯楽施設	済州金寧迷路公園	－	－	－	－	○

（注）資料①：JTB出版『韓国』、資料②：韓国観光公社編『観光ツアー』、資料③：済州道観光協会編『美しい済州道』、資料④：韓国観光公社編『韓国トラベルマニュアル1994』、資料⑤：韓国観光公社編『韓国の旅ガイド』

観光資源と観光施設の関係には、いくつかのタイプがある。地方とくに景勝地といわれる地区には資源主体のタイプもみられるが、そこに設けられる休憩や飲食のための施設が訪れる人びとに快適さや便宜さを与えており、一般に資源の性格や価値に適っている組み合わせであることが重要である。一方、都市部や観光地として開発される地区では、施設を中心とするタイプが多くみられ、増大する観光需要に対応するために大規模な休養・娯楽施設が建設される傾向がある。

一九七〇年代末から現在までの期間に、済州島の観光対象として、どのようなものが紹介されてきたかを、韓国観光公社などによって作成されたガイドブック等の記述を手がかりにみてみよう。なお、島のシンボルともいうべき漢拏山は常に紹介されているものとして除外してある。

これによると、一九八〇年代前半までは自然資源と文化資源が済州島観光の中心であったことが分る。これに対して、大規模観光開発が進んだ八〇年代後半からは文化施設が加わり、九〇年代に入るとその傾向がさらに強まり、最新の二〇〇〇年度資料では新しく作られた文化施設・娯楽施設が多く紹介されている。

興味深いのは、済州道観光協会作成資料（八七年）が二つの記念碑を紹介していることである。そのひとつの「抗蒙義殉碑」は一三世紀後半に、モンゴル軍と果敢に戦った「三別抄」の最後の拠点となった所につくられており、その一角には数点の関係する絵画を展示した施設もある。

もうひとつの「ハーメル記念碑」は、一六五三年八月、台湾から日本に向かう途中、台風のために漂着したオランダ船「デ・スペルウェール号」の船員ヘンドリック・ハーメルに関するものである。ハーメルは生存者とともに捕らえられ、長期にわたって厳重な監視下におかれていたが、一六六六年九月、仲間とともに日本への脱出に成功し、長崎から現在のジャカルタを経由して帰国、ハーメルは「報告書」を作成したが、当時の韓国を紹介した最初の資料として各国で珍重された。なお同報告書では、済州島は「コレー王国支配下にあるケルパールツ島」と記されている。この記念碑は韓国とオランダの協力によって建設されたものである。

これらの記念碑は済州島の歴史を理解するうえで意味深いものであるが、残念ながら訪れる人の数はごく限られている。

三　済州島観光事業の現状と課題

ガイトブック等に紹介される観光対象が資源中心から資源＋施設型に移り変りつつある傾向にみられるように、済州島の観光事業は小規模分散型から大規模集約型へと近年急速に変化しており、その典型が宿泊業にみられる。

一九九四年と現在（二〇〇〇年度）における島内の宿泊施設・客室数を比較すると、中文観光団地を有する西帰浦が施設数・客室数ともに大きな伸びを示し、級（ランク）別では高価格な特一級が済州島全体で二・三倍を示しており、外部（本土）から大企業が進出したことの影響が顕著である。一方、標準クラスである一級と低価格な三級も増加傾向であるが、全体として高級クラスの割合が大きくなっており、高級施設志向傾向にあるといえる。

では、済州島への観光客はどのように推移してきているであろうか。

済州島は、中文観光団地造成計画ならびに済州市再開発計画の進行によって、一九八〇年代後半以降、さらに毎年多くの観光客を受け入れることに成功し、この傾向は九七年度まで継続した。

しかし、その構成をみると八〇年代後半から増加の一途を辿っていた新婚旅行が九二年をピークとして頭打ち傾向であること、全体の一〇%以下ではあるものの観光事業にとって重要な位置を占める外国人観光客が九四年以後伸び悩みであることなどの問題も認められていた。

そして九八年の国際金融に端を発した経済不況によって来島観光客は大きく減少し、回復傾向はみられるものの現在も九七年度水準にはもどってはいない。

最近の現地報道は、「新婚旅行者の減少傾向に歯止めがかからない」「減少傾向にある外国人観光客」「危機を迎える中文観光団地」などを伝えており、島の基幹産業として成長した観光に対する危機意識と観光に対する関心の高さが感じられる。

済州島が当面する最大の問題は、国際競争の中で優位性をいかにして維持できるかということであり、新婚旅行者の減少はその典型である。

韓国国内では最南端にある宿泊施設の整った地域として優位性を誇った済州島も、現在ではハワイ・グアムをはじめとする世界各地の観光地との競争を余儀なくされている。その意味では、近年新たにつくられた観光施設（文化施設および娯楽施設）の中には国際競争力の点で疑問視されるものもある。

また、国内観光客が占める割合が圧倒的であることが、景気変動の影響を大きく受けることにも結びついており、団体客の減少はそれを象徴している。そして、個人旅行者の増大傾向は、今後の国民観光地としての発展の方向を示唆しているとも考えられる。

「三多（風・石・女）三無（泥棒・乞食・門）」の島と呼ばれ、史跡「三姓穴」にみられる特異な国造り伝説をもつ済州島は、さまざまな自然資源・文化資源を有しており、韓国本土とは大きく異なる郷土景観や風物が多くみられ、さらに固有の風俗や民俗祭事などとともに、特色のある郷土食も残されている。

済州島は、国際競争を余儀なくされる社会環境の中で、その優位性を保ち、継続的な発展を図るために、自国ならびに近隣諸国の観光市場の動向を把握するとともに、済州島が有している観光地としての固有の魅力を改めて認識し、それを生かす方策についての再検討が必要な段階を迎えていると考えられる。

（二〇〇〇年九月稿）

Ⅵ 研究と人生

牛窪　浩先生を偲んで
――外国旅行の思い出を中心に――

◆「流注先生逝去」

一九八七年九月三十日水曜日の午後四時（中国時間）、約三週間にわたる西安外国語学院での集中講義最後のプログラムとして設定されていた「中国における旅遊事業（＝観光事業）発展の課題」というテーマでの公開講演会が終了した。「では、ここで少し休憩をとり、その後で質問にお答えしたいと思います」と告げた時であった。学院の外事処長を務め、私を含めた外国人教員に関する折衝の総責任者である張煥福氏が急いだ様子で会場に入って来られ、「今、北京から電話がありました」と言って、一枚のメモ用紙を私に手渡された。

そのメモ用紙には、北京の中国国家旅遊局教育司からの電話で、内容は「流注先生逝去」とあり、以下に「本日葬儀が挙行された」ということが中国語で記されてあった。「流注先生？」何のことだか分からず、戸惑いとともに不安を覚えた。

数分後に、はっとあることに思いあたった。それは、「流注」の音が「牛窪」の中国語読みと似ているということであった。このことを北京に到着してからずっと私の通訳を担当してくれている旅遊系日本語研究室主任の王新明氏に確かめたところ、牛窪先生が亡くなられたのだろうという答えがかえってきた。

不安のまま、翌日の午後に空路北京に着き、早速に国家旅遊局教育司に前日の電話のことを問い合わせてみたが、その日は十月一日で国慶節の休日、翌日（二日）もまた休日のため確認できないまま北京を発って日本に戻ったが、まだ信じられない気持ちで一杯であった。しかし、成田空港に出迎えている妻の姿を見た時、牛窪先生が亡くなられたのは本当らしいと感じざるをえなかった。

牛窪先生が亡くなられた九月二七日の朝、私は西安の西方約二〇〇㎞にある宝鶏（Baoji）にいた。今回の訪中最後の週末を利用して咸陽・周原から宝鶏に泊り、翌日に五丈原を回って戻るという全行程約五〇〇㎞の〝調査小旅行〟の途中であった。このような小旅行の実施は今回の集中講義実施にあたっての〝ひとつの約束〟でもあったが、このコースを決めた最大の理由は、まだ外国人に公開されていない五丈原を訪れたかったからである。最初は、特別の許可が必要といわれたが、後でごく最近に自由に入れるようになったことが分かり、自動車旅行が計画された。しかし、西安の〝域外〟に出かけるとなると、現地での宿泊の問題やガソリン調達を何処でどうするかといった複雑な問題があり、そのための折衝担当者なども加った結果、総勢一〇名余りでマイクロバスを利用するという大仕掛けなものとなってしまった。

この旅行での体験は貴重なものであったが、諸葛孔明に関するものはもとより、周初期の太公望

（呂尚）が終日釣りをしていたという伝説で知られる釣魚台で見つけた石ころなど、中国古代史に造詣の深い牛窪先生が好まれるような珍しい品物も数多く入手した。しかし、それらは興味をもってくれる人がいてこそ、値打ちのあるものなのであり、話をきいてくれる人、見てくれる人が忽然としてこの世を去ってしまった今、それらは机の引き出しの中に置かれたままとなっている。

◆外国への旅

牛窪先生とは台湾、香港、韓国そして中国ほか、ほとんどすべての東アジアの国や地域を一緒に旅行している。

最初にご一緒させていただいたのは一九六九年夏のことで、「勤労者の価値意識」についての国際比較研究を実施するための予備調査として台湾と香港とを訪れたのであった。当時、社会学部助手であった大根田充男氏（宇都宮大学教育学部教授）と私が同行してヒアリングを行うとともに、いくつかの企業を視察するのが目的であった。この旅行で、牛窪先生の中国語の実力には本当に驚かされた。台湾のホテルは我々一行を歓待してくれた。まだそれ程多くの観光客が訪れてはいなかった時代であり、従業員の応対の仕方も今よりずっと素朴であった。ホテルで台湾側関係者（当時、実権を掌握していた中国大陸出身者）と英語あるいは日本語で会話する内、先方が牛窪先生が中国語が堪能ということが分り、後は中国語でということになる。交渉もスムースになるわけであるが、このようなことがあって以後、ホテル従業員の我々への応対は急によそよそしくなってしまった。当時の台湾の人びとの心情の一端をみたような思いであった。

この当時、香港の人々は「文化大革命」で大きく揺れる中国に危惧の念を抱いていたが、近い将来における交流の増大は必然であるという現実感覚から、「中国語（北京語）」の学習が盛んになりつつあり、街の各所に「中国語学習塾」の看板をみかけた。知人に案内されてその中の一つを見学したが、そこで牛窪先生は流暢な中国語でスピーチされ、塾の生徒はもとより先生もびっくりということもあった。

時代はずっと過ぎた一九八三年六月のこと、日・韓両国観光学会合同研究会の開催準備のために訪韓することになった私に、牛窪先生は「ある人の現住所等」を調べてほしいと依頼された。その方は、四〇年程前、先生の家で一緒に生活しておられた韓国人で、現在は大邱に住んでいるというだけが分かっていた。幸いなことに、その方が本貫（氏姓系譜）が一つしかない姓であったこと、大邱在住の友人たちの絶大な協力とによって、その方の現況はまもなく判明した。牛窪先生の旧友である権五申氏は大邱農業高校の校長をしておられ、私の連絡を大変に喜ばれた。

その年の八月の終りに、合同研究会が開催された時、先生も特別参加を申し出られ、その日程の中で旧友と感激の再会を果たされた。後に、権五申氏のご息女で大邱の女子大学助教授であった権淑熙氏が所属大学から派遣研究員として立教大学に来られるということがあったが、これはまさに牛窪先生がとりもたれた縁によるものであった。

信頼と友情とを求めて

一九八五年の八月末から約二週間、先生と二人で中国各地を旅行した。この旅行の目的は、観光に関する専門教育を行っている主要大学を訪問して意見交換することであった。中国は、一九七八年に経済政策の一環として観光事業とくに外国からの観光客誘致に積極的に取り組むようになり、そのための人材育成を目的として観光学科が幾つかの大学に設置され、それらの大学から交流の希望や訪問に関する要請がすでに寄せられていたのである。

訪問した大学は、北京第二外国語学院、南開大学（天津）、大連外国語学院、上海旅遊専門大学、杭州大学などであり、各大学で講演会などを行った。また、中国の国営観光機関である国家旅遊局や国際旅行社などの関係者と意見を交換する機会をもった。これらが一つのきっかけとなって、立教大学で観光関係の勉強を志す中国人学生がこの時期以降急増したことも事実である。訪れた大学の中でもっとも印象に残ったのは南開大学であった。私たちは、同大学関係者の教育・研究に対する姿勢に共感を覚え、この時から同校との継続的な交流を強く希望していた。この度、本学と同大学との交流が制度化されたことは何よりの喜びであり、牛窪先生も深く満足しておられることであろう。

今後さらに、各国とくにアジアの国々との交流を活発なものとし、信頼と友情を深めるために努力したいと考える。

今は亡き牛窪先生がいつも願っておられたことに応えるためにも。

（一九八八年十月記）

〝豊かな旅〟について思うこと

ひとつの〝カルチャー・ショック〟

「日本の方ですか？」

「そうですが……」

「日本の浮世絵の作風そのものは、時代によってどのように変化していったのかについて教えていただけませんか？　今、このことについて妻と論議していたのですが……」

「えっ？……」


この様な質問をかなり年配のオランダ人夫妻から突然受け、どう応対したらよいのか狼狽してしまったのは、今から一〇年以上も前、オランダ・アムステルダムにある「国立ビンセント・ファン・ゴッホ博物館」でのことでした。

一般にゴッホ美術館として知られているこの博物館は、レンブラントの『夜警』の展示で有名な「オランダ国立博物館」の近くの〝博物館広場（ミュージアム・プレイン）〟と称される地区の一角にあり、ゴッホの作品および彼と同時代の画家の作品を、隣接するアムステルダム市立博物館から移管して一九七三年に開設されたものです。ゴッホが浮世絵の模写を描いたことは有名ですが、作品の両端に書かれている文字の手本となったのは江戸の「遊女絵」であることがつい先日、日本のテレビ局取材班によって明らかにされ、話題となった『日本趣味・広重の梅』も同館が収蔵しています。

このようなこともあって、先程のような質問がたまたま来合わせた日本人に寄せられたのだと思われます。「専門的な知識はもっていないので」とお断りしたうえで、ごく一般的な感想を伝え、その場はそれで終わったのですが、これは困ったことになったなという気持ちで一杯でした。というのは、実は、私は美術鑑賞を主たる目的として来館していたのではなく、後で述べるように、国際観光振興のための一つの仕組みの研究として、美術館を含む博物館の利用状況や付帯施設の〝調査〟に取り掛かろうとしていたからです。オランダにはゴッホ美術館だけではなく、シーボルトが日本から持ち帰った膨大な収蔵品で知られるライデンの国立民族学博物館をはじめ日本に関係のある施設が沢山あります。そこでまた、質問された場合にはどう対応したらよいだろうかとも考えました。美術に関する専門的知識を一気に高めることはもとよりできません。もっと平素から勉強を積み重ねておかなければならないと思いました。

このような気持ちになったのは、たまたまそこに居合わせた人からやや専門外の質問を受けて困惑したからではなく、博物館利用者の観賞のしかたや施設利用のしかた、自分自身を含めて日本で見聞きしているのとかなり違うものがあることを感じさせられたからでした。美術作品について年配夫婦が論議する、疑問点について（知っていると思われた）第三者に意見を求める、といったことが〝ごく普通に〟行われていたことが新鮮な驚きだったのです。

〝文化〟を観光に生かす仕組みづくり

私が当時オランダで研究していたのは、『オランダ・カルチャー・カード（HCC）』という外国人観光客にさまざまな利便を提供する仕組みについてでした。

オランダは、国公立のほとんどすべてをはじめ国内の主要博物館（美術館を含む）を自由に利用できる「年間博物館パス制度」を早い時期に設けており、二五歳以下の若者と六五歳以上の高齢者については大幅な割引料金となっています。この「パス」は、博物館の他に郵便局や主要な書店でも購入できるようになっています。さらに、博物館協議会とオランダ国鉄とが共同でガイドブックを発行し、各地の観光案内所で博物館に関する案内資料が入手できるなど、自国の文化的資源と交通・情報提供とをうまく結びつけたものでした。このように、最初は、国内用とくに若者と高齢者向けの〝文化サービス〟という性格をもっていました。

この「パス」を中心として、外国人観光客を誘致するための手段として活用することを意図して設定されたのが『オランダ・カルチャー・カード』でした。個人観光客のオランダでの滞在日数を増やすことを目的として、まずアメリカで一九七八年に発売され、翌年には日本でも発売されるようになりました。

基本的な仕組みは、まずそれぞれの国内で（日本人の場合は日本で）『カード』を予め購入しておきます。オランダ入国後に空港や観光案内所などで『カード』を提示して〝登録〟すると、「博物館パス」と案内資料が無料で交付されます。博物館入館無料以外に、一日有効の国鉄割引乗車券の購入、コンサート等の入場券入手の特別便宜、アーティスト・スタジオの見学申し込みが可能などの〝特典〟がついていました。

この仕組みを導入後にアメリカで実施した調査によると、『カード』を購入した人の約半数が四か所以上の博物館を訪れており、平均滞在日数も非購入者より平均して約一日長くなっており、目標とした成果をあげていることが認められました。しかし、日本の場合は、観光の形態が当時は〝団体型〟が中心であったこともあって、『カード』を購入する人はいるものの実際に利用した人はあまり多くありませんでした。

その後、利用客の要望に対応しながら特典の拡大と多様化が図られ、一九八〇年代後半にはカードの名称そのものを『オランダ・レジャー・カード』に変更しています。

オランダが最初に導入したこのような『カード』を国を単位としているものとして、イギリス政府観光庁による『オープン・トゥ・ビュー・チケット』という博物館・庭園等の入場料が無料となる一五日／三〇日間有効のパスがあります。ヨーロッパとくに北欧諸国には都市を単位としたものが多く、コペンハーゲン、ストックホルム、オスロ、ヘルシンキなどがそれぞれの都市を利用範囲とした『カード』を発行（有料）しています。またフランスでは、パリを中心とした博物館だけに限定していますが、自由に利用できるパスを販売しています。

〝国際化時代の観光〟の課題

一九七〇年代の終り頃、オランダで始まったこのような〝仕組み〟に対する関心が近年わが国でも高まるようになりました。「カルチャー・カード」という名称がわが国の観光政策との関連において〝改めて〟登場するようになるのは、一九八四年に「国際観光モデル地区」を整備することが国（運輸省）の施策として決定されたことが理由となっています。

「国際観光モデル地区」というのは、「外国人が日本人と同じように〝一人歩き〟することができ、日本の生活や文化に親しく接することができる観光地」を意味しており、県庁所在地もしくはそれに準じる地方都市を中心に、その周辺市町村を併せて一つの地区としており、現在までに全国に三六地区が指定されています。モデル地区指定の要件として、観光資源の保有状態、交通の利便性、宿泊施設の整備状況、案内所や標識等の外国人受入れ体制の整備状況に加えて、モデル地区にふさわしい特色ある施策・事業の企画があり、具体的例示として「カルチャー・カード」の導入があげられました。

政府および関係機関が「カルチャー・カード制度」に積極的な姿勢を示しだしたのは一九八七年秋以降ですが、その背景には〝円高〟による外国人観光客の伸び悩みを解消し、日本文化への理解を深める有効な方策として、各種の割引等を一体とした利便供与の仕組みを導入する必要であるとの認識がありました。翌年には導入検討のための委員会（委員長は筆者）が発足し、具体的な検討を加えてきましたが、残念ながら未だ具体化には至っていません。

「カルチャー・カード」のような仕組みがうまく導入できないのにはさまざまな理由があると考えられます。まず、外国人観光客に対する受入れ姿勢の問題があります。日本における観光の発展過程は、最初から〝国際的〟であったヨーロッパ諸国や、外国人客のみを対象としてスタートしているアジア諸国ともいささか異なっています。島国の日本は、江戸時代はもとより明治から現代に至るまでの長い期間にわたって、日本人客を対象として観光事業が展開されてきており、観光施設をはじめ案内標識等もすべて日本人だけを対象として整備されてきました。もちろんこの間に外国人客も受入れてきましたが、その場合には日本人とは異なる施設や対応が準備され、専門ガイドに〝守られて〟行動するのが基本となっていました。ですから、一人歩きする外国人にさまざまな利便を提供する仕組みを導入しようとすると、誰が特典を与えた分を負担するのか、あるいは、その制度によってどれだけの経済的メリットがあるのかといった反対や消極論がすぐにでてきてしまうのです。しかし、このような問題は〝国際化時代における観光のありかた〟という大きな課題への取り組みの中で段階を追って解決していくことができると考えています。

〝文化〟を観光に結びつけることの難しさ

より本質的な問題として、人びとと博物館とのかかわりかたがあると考えられます。わが国にも沢山の優れた博物館・美術館がありますが、あるものはきわめて学術・教育的な堅苦しい存在であり、またあるものは〝過度に〟商業的施設であるように思われます。巨額な費用を投じて購入した世界的に著名な絵画を〝目玉〟として大勢の入館者を集めることに成功し、そこへの行き帰りに立ち寄る関係施設を併せて地域振興に大きな役割を果たしている美術館があります。そのこと自体を何ら批判するものではありませんが、このような性格の博物館が「カルチャー・カード」を導入することに積極的になるはずはありません。また、全国各地の定期観光バスのコースに入っている美術館は現在、約三〇館ありますが、それらの多くに共通しているのは複製品や記念品を販売しているミュージアム・ショップのウェートが高いことです。つまり、博物館・美術館は日常的に利用されている施設とは言い難く、当然のこととして入館料も高いものとなっています。先程述べたように、外国においても

「カルチャー・カード」を利用している日本人は多くはないのです。

オランダの場合、事情は大きく異なっています。ゴッホ博物館で〝ショック〟を受けた時から現在まで、オランダ全土の一〇〇か所以上の施設を訪れましたが、利用のしかたはかなり違いがあります。まず、週日の午前中を利用して、学生・生徒の美術・歴史などの教育の場として活用する例が多くみられます。教師に引率されて一クラス程度の単位で訪れ、配付されたプリント等にしたがって学習している場面によく出会いました。

外国人に対する配慮がなされているのは一般的なことで、「カルチャー・カード」が日本で発売されるようになった時期からは、「国立博物館」に日本語のガイドブックも用意されるようになりました。また、ごく小規模の施設以外には、レストラン・カフェテリア・コーヒースタンドのいずれかが付設されており、市民と旅行者の休憩所としての機能も併せもっているのが普通なのです。

このように、オランダの場合には、歴史・文化の知識を得るために、美術観賞の場として、気軽に博物館を利用する習慣が定着しており、博物館を身近なレクリエーション施設のひとつとして受けとめているようです。このことが休日等を利用して他地区の博物館を訪れることにも関係しており、「博物館年間パス制度」がつくられた背景となっています。レストラン等の付設は、レクリエーション施設としての機能と役割に密接にかかわっています。

また、オランダおよび北欧諸国においては、博物館は教育・文化施設であるとともに、音楽・演劇関係施設と同様に、長い冬の時期を含めて〝年間を通して利用できる観光・レクリエーション施設〟であるということも忘れてはならない点です。オランダなどの諸国とは文化面だけではなく、気候的条件がかなり異なるわが国に、よりマッチした仕組みを採り入れる方法を検討しなければならないと考えています。

むすびにかえて

「旅に関するエッセイを」という注文をいただきましたが、社会現象・行動としての観光を研究対象としているため、個人的な心豊かな旅の経験や思い出は、（少なくとも現在までは）あまり豊富であるとは言い難いのが偽らざるところです。

近年、観光の大衆化はさらに進展し、観光現象は一段と活発化していますが、〝現代人の観光〟のさまざまな弊害も現れてきています。自然環境との調和をいかに図るかは大きな課題ですが、〝観る心〟をいかにして培うかはより本質的な問題です。〝新しい発見〟〝新しい感動〟を得る機会としての観光を意味あるものとするためには、美しいもの、価値あるものを〝観る気持〟を平素から養うことが必要です。かつて、「ゴッホ博物館」で出会った夫妻のような〝美術を愛する豊か心〟をもって、いつか気ままな旅をしてみたいものと思っているのが現在の気持です。

（一九九一年十二月稿）

〈私の研究室から〉

新領域への挑戦・国際交流・〝生涯共育〟

◆新しい領域への挑戦

私の専門領域は、観光行動論とサービス理論である。どちらも一般の方々にはあまり見聞きしたことのない分野であろう。

観光行動論とは、観光事象を人間行動の一形態としてとらえる観点からの研究の総称であり、観光社会論・観光事業論・観光資源論・観光政策論などと並ぶ観光研究の一分野である。サービス理論は、観光事象をはじめとする消費者サービス全般を対象とするものであるが、とくに、〝サービス評価の仕組み〟を研究主題としている。

これらの研究が学問の領域に含まれるのかについて疑問視する人達もいないわけではなく、とくに、〝古典的な領域〟を伝統的な方法で研究することを〝学問〟と考えている人にその傾向があるのも事実である。

しかし、そのような批判は、新しい研究領域に対しては常にみられることであり、観光やサービスが〝学問〟であるかを、その名称によってのみ判断するのが正しくないことはいうまでもない。歴史のある学問領域が〝ディシプリン〟によって確立しているのに対して、新しい研究領域はまず、〝フィールド〟中心に形成されていくのである。

現在、「マーケティング」を一つの学問領域として全く認めないという人は少ないであろうが、その発端は、今世紀初頭の新しい商業の発達に対応すべく試みられたいくつかの実証的研究である。さらに、「産業心理学」は、今日では心理学の一分野として確立されているが、実務領域を対象とするものとしてあまり評価されなかった長い時代があったことも事実なのである。

私の研究は、ともに産業心理学・社会心理学を中心とする人間行動に関する科学を、社会の発展に伴って発生してきた〝新しい事象〟に適用しようとするものであり、その領域の学術的蓄積を図ることによって、学問領域を拡大することが目標である。

課題は山積しているが、この分野での教育と研究の実績をもつ本学が、学問としての確立に向けて率先して取り組む必要があると考える。

拡大する国際交流

どのような領域においても国際交流は大切であるが、とくに私の分野においては研究と実践の両面において欠くことのできないものであり、数多くの外国人研究者・学生との交流が続いている。

初めて外国人学生を迎え入れたのは一九七二年のことであるから、すでに四半世紀近くになる。現在までに、私の研究室で観光あるいはサービスについて学んだ外国人は、正規学生で約二〇名、研究員や特別外国人学生を含めると五〇余名に及ぶ。国籍では隣国の韓国が最も多く、次いで中国（含む台湾）で、メキシコ・オーストラリア・アセアン諸国をはじめ世界約一五カ国にわたっている。

初期の頃から八〇年代後半までは、日本人観光客の行動特性を学び、自国の観光振興にいかに活用するか、また、日本のサービス提供の仕組みを学ぶといった実践的な性格の強い研究を志向する者が多かったが、最近は、日本と自国との比較文化的研究や特定の課題についての日本における成功・失敗事例の分析などを学ぼうとする者も増えてきている。

このことは、観光およびサービスが経済的事業であるとともに、文化的事象としての性格をもつことに対する認識が急速に高まってきていることを示している。研究員であった者や大学院修了者のその後の活躍には目覚ましいものがあり、留学生の多くが大学や観光関係研究機関で勤務している。とくに韓国では、大学の教員として観光・サービスの講義を担当している者が約一〇名おり、〃ひとつの勢力〃を形成するほどになっている。

また、政府招請研究員として二年間学び、現在はマレーシア政府観光局日本事務所長として活躍中のラティフ氏、大学院で日本の観光市場について研究し、現在はオーストラリア仙台領事に就任しているシャントナー女史など、異色の人材も多い。

外国人の研究者・学生に対しては、基本的には日本人学生と同様に接するとともに、興味や発想の違いを理解する点においては日本人に対する場合とは異なる配慮が必要であり、論文をまとめることだけではなく、学んだ経験が将来的にも役立つような支援をすることである。そして、何よりも大切なことは、指導にあたる者自身が、多様な国際交流を実践することであり、国際学会や研究会への参加はもとより、共同研究の実施や外国大学での講義・講演も重要な任務の一つであると考えられる。これらの交流活動をサポートするために、大学間交流を補完するものとしての学部・学科・研究所を単位とした交流提携も必要不可欠なものとなってきているのである。

◆〝生涯共育〟の機会としての「現文懇」

私の研究・教育の実践において除くことのできないのは、卒業生達と学び集う活動を継続することである。

観光学科の私の担当するゼミナールの卒業生とともに毎年開催している勉強会は「現代文化懇談会（略称：現文懇）」というちょっと変わった名称である。「会」が設立されたのは、学科の卒業生が八代を数えるようになった一九七七年であり、ゼミナールの夏季合宿の締め括りとして行われていたシンポジューム形式の勉強会を、OB・OG会でも年一回開催しようという提案があったのが発端である。

「会」の名称は、観光を中心とする生活文化全般を対象とするという意味で決まったものであるが、会則は、会の主旨と目的だけとし、会には家族・友人も自由に参加できる〝オープンな勉強会〟を目指してきた。

このような経緯でスタートした「現文懇」は、会員の熱意と、会を企画・運営する幹事（団）の努力とによって継続され、常に数十人以上が参加する大きな会となっており、今年一月には第二一回目の会が開催されている。

卒業生が多く活躍している分野の関係から、シンポジュームのテーマとなるものは観光・レジャーをはじめとする消費生活に直接かかわるものとなっているが、それぞれの時代の関心事が取り上げられることも多い。一九八三年秋には、その年春に開業した「東京ディズニーランドの影響」が、八八年にはソウル・オリンピックにちなんで「世界の民族料理」がテーマとなった。一九九五年には「価格破壊」が取り上げられ、関係する領域で活躍している卒業生が話題提供者や発言者となったシンポジュームが開催され、主婦の立場にある会員も加えて、活発な討議が行われた。

また、ゼミナール発足一五年・二〇年・二五年などの節目には、「記念会」も開催されており、前に記したように、活躍している卒業生も多いことから、韓国で「現文懇」を開催する計画も検討されている。

新しい学年度が始まり、大学院・学部に外国人を含む多くの新入生を迎える。観光行動およびサービスに関する私の研究も次なる課題へと前進することになる。

（一九九五年三月稿）

観光学のメッカを目指す

この度、「立教大学観光クラブ賞」を授与されるという栄に浴しました。大変に恐縮してしまうのですが、念願であった観光学部及び大学院観光学研究科設置にかかわったことが授与の理由の一つでもありましたので、ご推挙して下さった皆様のご好意に甘え有り難く頂戴させていただきました。会員の皆様に厚くお礼を申し上げます。

観光学部・大学院観光学研究科の誕生

皆様もご存じのように、社会学部観光学科は一九六七年に設置され、観光領域を対象とする高等教育機関として学術研究と人材育成の両面にわたる社会的要請に応えてまいりました。近年、観光領域に関する学術研究の重要性に対する認識から、また観光関連産業の発展に対応すべく全国の四年制大学に、国際観光・観光産業等、〝観光〟の名称を冠した学科が開設されており、設置を準備中の大学も全国各地にみられます。

本学が観光学科を独立させ、新たに「観光学部観光学科」として開設した理由は、このような状況から、観光を対象とした総合的かつ学際的な教育研究体制を本格的に整備する段階に達したと考えたからに外なりません。そしてそれは、〝観光の立教〟をさらに明確に社会に示そうとすることそのものなのです。しかしそこに至る道程は、決して平坦なものではありませんでした。学部設置準備の中心となった岡本教授（初代学部長）の数年間にも及ぶ獅子奮迅の活躍によって、ようやく道を切り拓くことができました。その過程での交友の方々、とくに観光クラブ会員の皆様のご支援には深く感謝しております。

大学院観光学研究科の設置に至る経緯は、観光学部への昇格とは少し性格が異ります。観光学科が設置されてまもなく、大学院社会学研究科応用社会学専攻の中で観光学に関する大学院教育が行われるようになりましたが、学生数はごく限られ、個別指導が中心となっていました。

しかしその後、大学院への進学希望者は着実に増加し、一方、諸外国での観光の社会的重要性に対する認識の高まりを背景に、留学生が継続的に増加するようになりました。また、産業人の再学習並びに生涯教育に対する社会的要請も高まってきました。

これに対応して、観光学領域担当者は、観光領域カリキュラムの充実と教育指導体制整備とを図り、博士課程前期課程における観光学領域専攻者対象カリキュラムの明確化、後期課程における指導体制を確立し、応用社会学専攻から観光学専攻を分離するための準備を数年前から着々と進めてきました。そして本年四月、観光学部の発足と合わせる形で、観光学領域の〝専攻分離〟が文部省に認められ、わが国最初の大学院観光学研究科博士課程前期課程・後期課程が設置されました。

設置申請の相談に文部省に赴いた時、担当事務官から最初に「大学院設置を認めることは観光学を学問として認めることと同じことですから慎重に審査します」と言われましたが、私もその通りだと思います。

ただ一つの観光学に関する独立大学院を有する本学の課題は、名実ともに日本の、ひいてはアジア・太平洋地区の観光研究のメッカとなることです。新設された観光学研究科は、一部の授業を夜間に池袋キャンパスで行うこと、必修授業を土曜日に配置するなど、仕事に従事しながら学ぼうとする社会人に積極的に門戸を広げる措置をとっており、初年度に校友三名を含む八名の社会人学生が入学されています。今後、さらに多くの校友が〝再学習の場〟として活用されることを願っています。現在、大学院には計四六名の学生が学んでおります。

〝生涯共育〟の継続

もう一つの受賞理由として、多くの産業人を育成したということがありました。人材を育成するのは教師の当然の仕事ですから、特にお褒めいただくことではありませんが、教育の実践として卒業生達と学び集う活動を継続してきていることについて、少し紹介させていただきます。

ゼミナール卒業生とともに毎年開催している勉強会は、「現代文化懇談会」というややおおげさな名称です。この会が設立されたのは、卒業生が八代目を数えるようになった一九七七年ですが、毎回それぞれの時代のテーマを設定したシンポジウム形式とし、家族・友人も自由に参加できるオープンな勉強会を目指してきました。会には常に数十人が参加しており、本年二月には百数十人が参加し、ゼミナール発足三〇年の記念会を開催しました。

この会を通して常に感じるのは、企業等ですでに管理職として活躍しておられる人達はもとより、家庭に入っている方々も強い学習意欲をもっており、学習のための機会を求めているということです。現文懇は広い意味での〝生涯教育〟の場となっているわけですが、お互いに知的刺激を与え合う機会をもつという点において〝生涯共育の実践〟として、今後も位置づけたいと考えています。

（一九九八年七月記）

「月曜会」会員による〝GALA観賞会〟開催の提唱

――池袋を〝芸術と文化を愛する人びとの街〟にするために――

池袋西口に「東京芸術劇場」がオープンして、早くも三年の年月が経過しました。この間、さまざまなジャンルの芸術公演が行われ、多くの芸術と文化を愛する人びとを、池袋西口地区に迎えるようになったことは大変に嬉しいことです。

来春早々には、「ウィーン・ヨハン・シュトラウス管弦楽団のニューイヤーコンサート」「東京交響楽団のニューイヤーコンサート」さらに「ウィーン・モーツァルト・オーケストラ演奏会」と華やかな公演が舞台を飾ることとなっています。池袋西口も〝芸術と文化の街〟になりつつあるように思われます。

しかし、池袋西口は、たんに〝芸術公演の行われる街〟にとどまっていてはならないのです。芸術を観賞した後に、芸術を愛好する人達がくつろぎ・談笑することのできる街に、文化の香りのある活気に満ちた街へと発展させていくためには、地域の人びとが芸術と文化により多くのかかわりをもつ必要があります。池袋西口を〝芸術と文化を愛する人びとの街〟にすることこそが大事なのです。

そのためのひとつの方策として、「月曜会」会員による〝GALA観賞会〟を、まずは年に二回ほど開催することを、私は提案したいと思います。

ご存知のようにGALAとは「祝祭」のことですが、同時に〝晴着〟という意味があり、日本でも最近はときおり開催されている〝ガラ・コンサート〟は、晴着を身につけて出掛ける〝華やかなコンサート〟なのです。

会員の皆さんが揃ってオシャレをして芸術劇場へ出掛け、観賞後は、その扮装で池袋・西口を闊歩し、某所で飲食を楽しむ、そんなことをするのはいかがでしょうか!

何年かすると、多くの人達がそれに倣って、〝正装〟をして芸術劇場を訪れ、池袋西口の街を歩き、洒落たレストランなどで談笑するようになっているかも知れないのです。

こんなことを提唱する理由として、ドイツのある地方都市で出会った忘れられない思い出がありま す。そこで暮らしているかつての教え子とともにオペラを観るために土地の劇場を訪れた私は、タキシードに身を包んだ逞しい人達が次々と来館するのに大変に驚きました。尋ねると、地元の大工さんの団体であったり、農民の方々であったりしたのです。そして、観賞後には、それぞが群れをなして、ワインを楽しむ二次会へと散っていったのでした。芸術と文化を愛する地元の人びとこそが、まさに〝GALA観賞会〟の主役なのであり、その支えがあるからこそ、地方都市にもオペラハウスが成立しているのです。

提唱するＧＡＬＡ観賞会の対象となる芸術はジャンルを問いません。音楽だけではなく、古典芸術も民俗芸能も結構ではないでしょうか。要は、芸術を自分の生活の中に取り込んで楽しむことなのです。そのためにこそ、芸術・文化観賞は〝ハレの日〟の〝晴れがましい行動〟と自分達自らが位置づけることが大切なのだといえましょう。

「月曜会」の皆さんがＧＡＬＡ観賞会にお出掛けになる時は、私も妻と共に正装して、ぜひご一緒したいものです。

（一九九五年十一月記）

人生はラーメンを食べるが如くに

料理だけではなく食べ物一般に関して、〝正しい食べ方〟ということがしばしば話題になる。寿司の場合には、「玉子焼を最初に食べるのが通である」とよく言われていたものである。それは、寿司屋が自分の店で直接製造する材料はシャリと玉子焼であるので、それをまず食べてみるということに由来しているが、昨今では玉子焼も商品を仕入れている店が多くなっているため、あまり言わなくなっている。

寿司といえば、時々話題にでるのが「ちらし寿司」の食べ方である。

酒の肴に、知り合いの客となんだかんだと言い合った後で、「好きなように食べるのが一番」という当然の結論に落ち着く。

寿司にかぎらず、食物の正しい（あるいは正統派の）食べ方に、多少なりとも興味と関心をもっている人は少なくはないようである。

大学近くの馴染みの寿司屋で主人とこんな話をしていたら、「ではラーメンの正しい食べ方は？」という質問が隣席の客から出された。この質問に対する私の回答が今日のテーマである。

先程の「ちらし寿司」の場合と同様、「好きなように食べればよい」というのは常に有力な、かつ妥当な回答ではある。しかし、ラーメンの場合にはやや違った回答がありうる。

それは、ラーメンは「汁（つゆ）」と「麵」そして「具」という三種類の性格の異なる素材によって構成されている食物であるという単純な理由によっている。

「三種類の素材をバランスよく食べ、飲み、段々と全体を小さくしていって、最後に汁（つゆ）を飲んですべてを空にする」というのが私の回答である。要するに、三種類の素材から構成されているものであるから、それらの調和を図りながら食べ進み、最後に器の底が自然に見えてくる状態に至るということなのである。

私の説明はここから、〝人生もラーメンを食べるが如くに〟という話へと飛躍してしまう。

ラーメンを構成している三種類の素材を人生に例えるならば、「麵」を仕事に、「汁（つゆ）」を家庭に、そして「具」を交遊関係や趣味・娯楽といったことに置き換えることができるのではないかと思われる。

「麵」がまずければ、食物としての評価対象外であるように、それぞれの分野において他人に認められるような仕事をすることが人間としての務めであり、生きる意味であるといってもよい。しかし、「麵」だけでは、飢えを凌ぐことはできるとしても味も素っ気もなく、とても食事にならないことはいうまでもない。「麵」に「麵」としての役割を十分に発揮させるためには、「麵」をしっかりと受け止めて、支えてくれる「汁（＝家庭）」が必要不可欠である。そしてさらに、「具（＝交遊や趣味・娯楽）」が添えられることによって、彩りと楽しさが加えられ、味覚的にも栄養的にも満足感が高められるのである。

「麺」と「汁」とがしっくりとしていることがまず重要である。どんなに「汁」が素晴らしいとも、「麺」にコシがなく、頼りないものであるならば、それは〝浮き実〟の入ったスープであり、食事としての役目を長期にわたって果たすことはできえない。

「具」は「麺」や「汁」と離れても、それ自体で食物としての価値を持っている。しかし、ラーメンにおいて「具」だけが多いとすれば、それは〝おかず〟と同じことであって、米飯などの主食が別に必要となってしまうであろう。

「麺」と「汁」そして「具」という三要素から構成されていることにラーメンの最大の特徴があるように、人生も異なる三つの条件の組み合わせを図る道程なのである。

ラーメンの中には、博多の長浜ラーメンのようにチャーシューを追加したり、麺のお代りができるという変ったタイプもありうるが、人生という名のラーメンには、一般に〝お代り〟はないのであり、自分に与えられた一杯をいかに上手に、美味しく食べるかが課題なのである。要は三つのもののバランスを、自分なりに工夫することである。

私自身の「ラーメン」もかなり小さなものとなってきている。

「麺」と「汁」の残量はほどよいだろうか、手つかずにはなっている「具」はないかなどなど、もう一度全体としてのバランスをよく見てみることが必要となった段階である。そして人生という名のラーメンは、器の底に残った「汁」を静かに飲み終えることによってジ・エンドを迎えることとなる。

〃食べ方〃の雑談から「人生論」へとかなり飛躍してしまったが、こんな話も冬の夜を彩る「具」の一種といってもよいのではあるまいか。

（一九九七年一月稿）

解説と掲載誌

〔シリーズ・世相管見――消費の歳時記――〕

一九七七年一月号より十二月号まで、『セールス』（ダイヤモンド・セールス社）に連載した、（その時代の）消費者行動の特徴を浮かび上がらせることを試みた〝読切り連載型評論〟。各月に多少なりともかかわりのあるトピックスを取り上げるようにし、消費の歳時記のサブタイトルをつけ、各月は陰暦名称を付してある。

〔新・世相管見〕

二〇〇一年に新聞・雑誌に寄稿したサービスおよび観光関連短文の論説・エッセイを収録した。

ルールとマナー

「東京交通新聞（二〇〇一年五月二八日）」交通論壇に寄稿したもの。

よい利用者をつくる

「東京交通新聞（二〇〇一年九月十七日）」交通論壇に寄稿したもの。

『米百俵』に続くもの

『サービス探検隊』（社団法人道路サービス機構社内報）のNo.三二一（二〇〇一年八月号）の巻頭

〝百話繚乱〟に寄稿したもの。

〔サービスを解く〕

〝くいちがいの時代〟におけるサービス向上

社団法人日本能率協会主催『(第一二回)サービス向上推進全国大会』基調講演で、大会資料集(一九九六年二月)に収録したもの。

観光におけるサービス・マネジメントの現状と課題

二〇〇一年九月、韓国・啓明大学経営大学院で行った講演記録に基づいて作成したもの。

もてなしと親切

筆者が一九九九年四月の開設時から二〇〇二年三月まで三年間、学長を務めた静岡県東伊豆町「ホスピタリティ・カレッジ」の二〇〇〇(平成十二)年度開講式における講演記録に基づいて作成したもの。同カレッジは全町民を対象とした〝町立オープンカレッジ〟で、地元ケーブルテレビの協力によって自宅でも受講できる新しい試みを採り入れていた。

サービスのよし悪しに客もきちんと反応してほしい——女将のいる日本旅館を楽しむために——

『湯の里・味の旅・和風の宿』講談社(一九八八年五月刊)旅のガイドムック・シリーズの一冊、巻末掲載の〝よみもの〟の中の一文。

〈現代観光の課題〉

国際化時代における観光交流と地域振興

『トランスポート』　財団法人運輸振興協会（監修・運輸省）No.四八〇（一九九一年九月号）に寄稿したもの。

国内観光の現状と課題――〝魅力ある観光〟の創出を考える――

『運輸と経済』　財団法人運輸調査局　No.五八三（一九九六年一月号）特集・有識者調査―旅行、観光、レジャーの方向―の中の一文。

「リゾート」の問題と課題――観光行動論の観点からのリゾート論――

『観光施設』　財団法人国際観光施設協会　No.一八〇（一九九〇年冬号・十一月刊）に寄稿したもの。

「農村滞在型ツーリズム」の問題点

『運輸と経済』　財団法人運輸調査局　No.六〇七（一九九八年一月号）特集・有識者調査――農村滞在型ツーリズムの可能性と課題――の中の一文。

〈韓国の観光とサービス〉

「キムチ」の社会学――もっと韓国を理解するために――

『観光文化』　財団法人日本交通公社　No.六八（一九八八年三月刊）に寄稿したもの。特集・あらためて海外に目を開く――海外旅行倍増計画 Part III――中の一文（掲載誌に使用した写真は割愛した）。

韓国の高速道路を走る

『道路施設』　社団法人道路施設協会　No.一九一（一九八七年一月号）に寄稿したもの（数葉の写真を使用しているが割愛した）。

韓国観光産業の歩みと特徴

『韓国文化』　アートプランニング（監修・韓国文化院）No.二四五（二〇〇〇年四月号）に寄稿したもの。

済州島の観光事業

『韓国文化』　アートプランニング（監修・韓国文化院）No.二五二（二〇〇〇年十一月号）に寄稿したもの（掲載誌には写真が掲載されていたが割愛し、また、表は一部分のみを転載した）。

〈研究と人生〉

牛窪　浩先生を偲んで――外国旅行の思い出を中心に――

『応用社会学研究』　立教大学社会学部No.三〇（一九八九年三月）に寄稿したもの。

牛窪先生は、筆者が所属していた立教大学社会学部学部長を勤めておられたが、一九八七年九月二十七日、日課としておられた早朝ジョギング中に心臓発作のため急逝された。

〃豊かな旅〃について思うこと

『立教』立教大学広報誌No.一四〇（一九九二年冬号）、特集：旅の中の一文。

新領域への挑戦・国際交流・〃生涯共育〃

『立教』立教大学広報誌No.一五三（一九九五年春号）、〃私の研究室から〃シリーズの一文。

観光学のメッカを目指す

一九九八年七月、立教観光クラブ（広義の観光関連事業に従事している校友による組織）より「（平成十年度）立教観光クラブ賞」を授与された。本稿は、受賞に対する謝辞と報告を兼ねて、『立教観光クラブニュース』No.七〇（一九九八年九月刊）に寄稿したもの。

「月曜会」会員による〃GALA観賞会〃開催の提唱——池袋を〃芸術と文化を愛する人びとの街〃にするために——

「月曜会（＝池袋西口地区商店会青年部、毎週月曜日に例会を開催するのでこの名となったという）」の会報（一九九六年十一月号）に寄稿したもの。

人生はラーメンを食べるが如くに

『月刊誌・男の隠れ家』（一九九七年二月号）に寄稿したもの。

著者プロフィール

前田　勇（マエダ　イサム）

立教大学観光学部教授，大学院観光学研究科博士課程主任，同観光研究所長を経て，現在，立教大学大学院観光学研究科担当教授。

日本観光研究学会会長（1994～96 年度）。

国際観光モデル地区整備計画策定支援事業委員会委員長（社団法人日本観光協会），日本の観光イメージ策定委員会委員長（特殊法人国際観光振興会），サービス向上推進全国大会実行委員長・サービス優秀賞審査委員会委員長（ともに社団法人日本能率協会），関東ハイウェイ懇談会座長（日本道路公団東京第二管理局）をはじめ観光およびサービスに関する各種委員会等の委員長を数多く務める。2001 年度，韓国漢陽大学招聘教授として国際観光大学院で集中講義担当。

専攻領域：観光心理学，観光行動学，サービス理論，消費心理学。

博士（社会学），中国文化大学名誉教授（観光事業学系）。

［主要著書］

『観光概論（編著）』	学文社	1978 年
『サービスの科学』	ダイヤモンド社	1982 年
『サービス・マネジメント（共編著）』	日本能率協会	1987 年
『実践・サービスマネジメント』	日本能率協会	1989 年
『現代観光総論（編著）』	学文社	1995 年
『観光とサービスの心理学』	学文社	1995 年
『サービス新時代』	日本能率協会	1995 年
『現代観光学の展開（編著）』	学文社	1996 年
『現代観光学キーワード事典（編著）』	学文社	1998 年

世相管見

二〇〇二年三月一日　第一版第一刷発行

著　者　前田　勇

発行者　田中千津子
発行所　株式会社　学文社
〒一五三―〇〇六四　東京都目黒区下目黒三―六―一
電　話　〇三（三七一五）一五〇一（代）
ＦＡＸ　〇三（三七一五）二〇一二
振　替　〇〇一三〇―九―九八八四二
印刷　中央印刷株式会社
乱丁・落丁の場合は本社でお取替します。
定価はカバー・売上カードに表示してあります。
●検印省略
ISBN4-7620-1114-2